IN PRIMUM LIBRUM
SENTENTIARUM ANNOTATIUNCULAE
D. IOHANNE ECKIO PRAELECTORE

STUDIES IN MEDIEVAL AND REFORMATION THOUGHT

EDITED BY

HEIKO A. OBERMAN, Tübingen

IN COOPERATION WITH

E. JANE DEMPSEY DOUGLASS, Claremont, California
LEIF GRANE, Copenhagen
GUILLAUME H. M. POSTHUMUS MEYJES, Leiden
ANTON G. WEILER, Nijmegen

VOLUME XIII

WALTER L. MOORE, Jr.

IN PRIMUM LIBRUM
SENTENTIARUM ANNOTATIUNCULAE
D. IOHANNE ECKIO PRAELECTORE

LEIDEN
E. J. BRILL
1976

IN PRIMUM LIBRUM SENTENTIARUM ANNOTATIUNCULAE D. IOHANNE ECKIO PRAELECTORE

ANNO AB CHRISTO NATO 1542,
PER DIES CANICULARES,
QUOS ALIOQUI A STUDIIS
GRAVIORIBUS FERIARI SOLEBAT

EDITED AND WITH AN INTRODUCTION

BY

WALTER L. MOORE, Jr.

LEIDEN
E. J. BRILL
1976

ISBN 90 04 04303 9

Copyright 1976 by E. J. Brill, Leiden, Netherlands

*All rights reserved. No part of this book may be reproduced or
translated in any form, by print, photoprint, microfilm, microfiche
or any other means without written permission from the publisher*

PRINTED IN THE NETHERLANDS

TABLE OF CONTENTS

Acknowledgements	VII
Sources	IX
Symbols and Abbreviations	XI
Introduction	1
Source of the Text	1
Eck's Last Years, 1541-1543	2
The Condition of the Text	5
Peculiarities of Content	6
Notes on this Edition	12

IN PRIMUM LIBRUM SENTENTIARUM ANNOTATIUNCLILAE

In Prologum Doctorum	15
In Primum Sententiarum	18
Distinctio 1	19
Distinctio 2	21
Distinctio 3	23
Distinctio 4	30
Distinctio 5	33
[Distinctio 6]	36
[Distinctio 7]	38
Distinctio 8	39
Distinctio 9	46
[Distinctio 10]	51
Distinctio 11	56
Distinctio 12	58
[Distinctio 16]	60
[Distinctio 18]	62
Distinctio 19	64
Distinctio 20	67
Distinctio 21	69
Distinctio 22	70
Distinctio 23	73

Distinctio 24	76
Distinctio 27	78
[Distinctio 28]	83
[Distinctio 29]	84
Distinctio 30	86
Distinctio 31	89
Distinctio 35	92
[Distinctio 36]	97
Distinctio 37	101
[Distinctio 38]	106
[Distinctio 40]	109
Distinctio 41	112
Distinctio 42	122
[Distinctio 43]	127
[Distinctio 44]	128
[Distinctio 45]	130
[Distinctio 48]	135
Indices.	137

ACKNOWLEDGEMENTS

The present volume is the result of desultory research over a number of years. I first saw the manuscript of Eck's *Annotatiunculae* in the summer of 1966, while completing research for a dissertation on the young Eck for the Harvard Divinity School. That summer saw the bare beginnings of the transcription. I included *distinctio* xli as an appendix to the dissertation, and made a few references to it in the body of the work. Most of the rest of the preparation was done during the summers of 1970 and 1973.

The present edition was at first intended for publication in *Textus Minores*, a series published by Brill which does not allow for any critical apparatus. A subsequent decision to include at least an *apparatus fontium* resulted in the transferrence of the volume from *Textus Minores* to its present place as one of the Studies in Medieval and Reformation Thought. This brief history is recounted to help explain why one will find here some but not all of the elements of a critical edition in the full sense of that term.

Despite the modest dimensions of the volume, I find that there are a large number of debts to acknowledge. My initial *Forschungsreise* to Munich was made possible by a Rockefeller Doctoral Fellowship. In Munich I received a cordial welcome and valuable assistance from the Director of the *Handschriften-Abteilung* of the *Universitätsbibliothek*, Dr. Georg Schott. Grants from the American Council of Learned Societies and the Graduate Research Council of the Florida State University enabled me to spend the summer of 1970 in the libraries of Harvard University, completing the transcription of the text and most of the *apparatus fontium*. Dr. Maria Grossman of the Harvard Andover Library was particularly helpful.

Dr. B. L. Hijmans, formerly of the Classics Department of the Florida State University and presently of the University of Groningen, graciously undertook to read the completed Latin transcription; a thankless task, except for the present meager expression of gratitude. Errors that remain in the transcription are my responsibility, not his.

I cannot adequately express my appreciation to Prof. Dr. H. A. Oberman, general editor of the series in which this volume appears. His scholarly direction and expressions of encouragement, both in the course of my doctoral studies and in the preparation of this volume, constitute a debt which I can only acknowledge, never discharge.

The final word of thanks goes to my family: to my wife Marian, without whom the task would undoubtedly have been possible, but not nearly so enjoyable; and to my children David and Martha, who were tolerant even though they would have much preferred that the book be all in English, and about animals.

Tallahassee, Florida
January, 1974

SOURCES

Albertus Magnus, *Opera Omnia*, 38 vol., edidit A. Borgnet (Paris, L. Vivès, 1890-1899).
Alfonsus Zamorensis, *Introductiones artis grammatice hebraice nunc recenter edite* (Alcalá, 1526).
Anselmus, *Sancti Anselmi Opera*, edidit F. S. Schmitt (Stuttgart, 1968).
Aristoteles, *Aristoteles Graece*, 2 vol., ex recensione I. Bekkeri, edidit Academia Regia Borussica (Berlin, 1831).
Augustinus, *Bibliothèque Augustinienne. Œuvres de Saint Augustin* (Paris and Brussels, 1947-   ).
Biblie iampridem renovate pars prima (-sexta) cum glosa ordinaria et expositione lyre litterali et morali; necnon additionibus ac replicis (Basel, 1506-1508).
Biel, Gabriel, *Epithoma pariter et collectorium circa quattuor sententiarum libros* (Tübingen, 1501).
Bonaventura, *Opera Theologica Selecta* (Quaracchi, 1934-   ).
Corpus Iuris Canonici, 2 vol., Editio Lipsiensis Secunda, editum Ae. Richter & Ae. Friedberg (Graz, 1959).
Corpus Scriptorum Ecclesiasticorum Latinorum, editum consilio et impensisAcademiae Litterarum Caesareae Vindobonensis (Vienna, 1866-   ).
Durandus de Sancto Porciano, *In Petri Lombardi Sententias Theologicas Commentariorum libri IIII* (Venice, 1571; republished by Gregg Press, Inc., Ridgewood, New Jersey, 1964).
Eccius, Ioannes, *Aristotelis Stagyritae acroases physicae libri VIII Ioan. Argyropilo interprete, adiectis Ioan. Eckii adnotationibus et commentariis* (Augsburg, 1518).
——, *Christenliche Ausslegung der Evangelien, von der zeit durch das ganz Jar, nach gemainem verstand der Kirchen unnd Heiligen Vatter von der selbigen angenommen* (Ingolstadt, 1553; first published Ingolstadt, 1530).
Enchiridion Symbolorum, Definitionum et Declarationum de Rebus Fidei et Morum, Editio XXXII, ed. H. Denzinger et A. Schönmetzer, S. I. (Freiburg in Breisgau, 1963).
Gerson, Ioannes, *Opera Omnia*, ed. L. E. Du Pin (Antwerp, 1706).
Gregorius Ariminensis, *Super Primum et Secundum Sententiarum* (Venice, 1522; Franciscan Institute Publications, Text Series No. 7, St. Bonaventure, New York, 1955).
Holcot, Robertus, *In quatuor libros Sententiarum Quaestiones* (Lyons, 1518; unveränderter Nachdruck, Minerva G.M.B.H., Frankfurt, 1967).
Maronis, Franciscus, *In quatuor libros Sententiarum* (Venice, 1520).
Missale Sacri Ordinis Praedicatorum Auctoritate Apostolica Approbatum, editionem iussit Reverendissimus P. M. S. Gillet (Rome, 1933).
Nicolaus Cusanus, *Nikolaus von Kues Werke* (Strassburg, 1488; Neuausgabe hrsg. Paul Wilpert, Berlin, 1967).
Occam, Guillelmus, *Opera Plurima* (Lyons, 1494-1496; reprinted London, 1962).
Patrologiae Cursus Completus, Series Graeca, edita accurante J. P. Migne, 166 vol. (Paris, 1857-1866).
Patrologiae Cursus Completus, Series Latina, edita accurante J. P. Migne, 218 vol. textus (Paris, 1844-1855); 4 vol. indicum (Paris, 1862-1865).
Petrus de Alliaco, *Quaestiones super libros Sententiarum* (n.p., 1500).
Sacrorum Conciliorum nova et amplissima Collectio, edidit J. D. Mansi, 31 vol. (Florence, 1757ff; reissued in 53 volumes, Paris, 1899-1927).
Scotus, Ioannes Duns, *Opera Omnia*, 26 vol., edidit L. Wadding (Paris, L. Vivès, 1891-1895).

SYMBOLS AND ABBREVIATIONS

* citation almost exact
** citation freely rendered

Arim., *Sent.*	Gregory of Rimini, *Super Primum et Secundum Sententiarum*
Arist.	Aristotle, *Opera*
Biel, *Collect.*	Gabriel Biel, *Epithoma pariter et collectorium circa quattuor Sententiarum libros*
Cam., *Sent.*	*Quaestiones magistri Petri de alliaco Cardinalis cameracensis super primum tertium et quartum Sententiarum*
CSEL	*Corpus Scriptorum Ecclesiasticorum Latinorum*
Denz.	*Enchiridion Symbolorum*, Denzinger *et al*, eds.
DThC	*Dictionnaire de Théologie Catholique*
Holcot, *Sent.*	Robert Holcot, *In Quatuor libros Sententiarum*
Mansi	*Sacrorum Conciliorum nova et amplissima Collectio*, Mansi, ed.
Occam, *Sent.*	*Quaestiones et decisiones in IV libros Sententiarum cum Centilogio theologico*, in Occam, *Opera Plurima*
PG	*Patrologiae series graeca*, Migne, ed.
PL	*Patrologiae series latina*, Migne, ed.
RF	*Corpus Iuris Canonici*, Richter and Friedberg, eds.
Schmitt	*S. Anselmi Opera*, Schmitt, ed.
Vivès	John Duns Scotus, *Opera Omnia*, Vivès, ed. (*Op. Ox.*: *Quaestiones in IV Libros Sententiarum—Opus Oxoniense*; *Rep.*: *Reportatorum Parisiensum libri IV—Opus Parisiense*).

INTRODUCTION

Source of the Text

This volume presents, for the first time in print, John Eck's *Annotatiunculae* on the first book of Lombard's *Sentences*. The text comprises a series of lectures apparently delivered to university students in Ingolstadt shortly before Eck's death. From the title we may tentatively conclude that they were given in the late summer of 1542, a few months before Eck died in February, 1543.

The only extant copy of these lectures is from Eck's own hand and is a part of the manuscript remains which came to his university after his death. It is the last and longest entry in a small codex volume, catalogued as "8 cod. ms. 8" in the library of the Ludwig-Maximilian University in Munich.[1]

---

[1] This codex, with works not all in the same hand, contains the following titles:
1^{r}ff. Annotationes in Deuteronomum obiter a Ioanne Eccio, eum librum praelegente exceptae;
15^{r}ff. Annotationes in Leviticum obiter ab Eckio inter praelegendum exceptae;
21^{r}ff. In librum Mosi quartum, qui Numerorum inscribitur annotationes obiter ab Eckio inter praelegendae exceptae;
From 23^r-92^v the volume is a jumble: portions of an untitled commentary on Corinthians alternate with a disordered commentary on John. The result is as follows:
    23^r-40^v: In Evangelium Joannis breves Enarrationes (ends abruptly at chapter iv);
    41^r-50^v: commentary, untitled, on John xiv-xvi;
    51^r-76^v: untitled meditation on passages from Paul's letters to Corinth, but not in order;
    77^r-91^v: commentary, untitled, on John iv-xii.
    92^r-92^v: continuation of meditation on Corinthians.
93^{r}ff. In Divi Hieronymi Prologum, quem pentateuco Mosaico praefixit, Ad desyderium annotationes, magistro Luca Caphro interprete.
98^{v}ff. In Divi Hieronymi prologum Josue praefixum annotationes, Luca Caphro interprete exceptae.
106^{r}ff. Super Divi Hieronymi in librum Regum prefatione collectaneum.
114^{r}ff. Super Divi Hieronymi libellum De optimo genere interpretandi Scholia a magistro Luca Caphro interprete dictata.
119^{r}ff. Annotationes super primum caput Joannis Evangelistae.
126^{r}ff. In Divi Pauli epistolam ad Rhomanos scholia, a magistro Ambrosio Saltzer interprete dictata.
142^{r}ff. In Apocalypsim SS. Joannis annotationes per Joannem Camertem.
170^{r}ff. Describitur Joannes evangelista.
172^{r}ff. Collectaneum in Evangelium Joannis.
176^{r}ff. In epistolam Pauli ad Galatas annotationes.
179^{r}ff. In primum librum Sententiarum Annotatiunculae ...

The significance of the *Annotatiunculae* is not owing to their obvious impact upon Eck's contemporaries. Never having been published, they had apparently a very limited audience and circulation. Indeed, I have seen no references to them in contemporary sources. Nor, for that matter, has subsequent scholarship paid them much attention: the only notice I have found (in fact, the one which led me to them) is in Wiedemann's biography of Eck (*infra*, footnote 2), where they are simply listed by title in the appendix, "Ecks handschriftlicher Nachlass".

The importance of the *Annotatiunculae* lies rather in the light they will shed for present and future scholarship on Eck's theological views as a representative Catholic theologian of his generation. They illustrate the extent to which a typical scholastic enterprise has been affected by the challenge of the Reformation, and where Eck stands at the close of a career largely devoted to opposing the theological "novelties" of the Protestants.

Eck's Last Years, 1541-1543

Indeed, there is not a wealth of material concerning the final phase of Eck's life, from the close of the Regensburg Colloquy until his death not quite two years later.[2] The colloquy closed on May 22, 1541. Illness had ended Eck's active participation some two weeks earlier than that, though he remained in the city and was doubtless kept informed about the course of the discussions. His return to Ingolstadt was postponed for reasons of health until the end of July.[3]

Responding to Ratisbon consumed much of Eck's energy for the remainder of 1541, beginning even before his departure from that city. In July he prepared a letter to be read to the assembled princes.[4] By December he had completed his lengthy response to Bucer's inter-

---

[2] Theodor Wiedemann's biography, *Dr. Johann Eck, Professor der Theologie an der Universität Ingolstadt* (Regensburg, 1865), is still the best one volume treatment of Eck's life, and is a principal source for the present brief survey. Also valuable, especially for the circumstances surrounding Eck's death, is Johannes Metzler, S. J., editor, *Tres Orationes Funebres in Exequiis Ioannis Eckii Habitae, Corpus Catholicorum*, Bd. 16 (Münster in Westfalen, 1930).

[3] Eck, *Replica Io. Eckii adversus scripta secunda Buceri apostatae super actis Ratisponae* (iii^v). Cf. Metzler, *op. cit.*, XXIV; Wiedemann, *op. cit.* 319f. See also Eck's letter to Morone, in "Beiträge zum Briefwechsel der katholischen Gelehrten Deutschlands im Reformationszeitalter," Walter Friedensburg, editor, in *Zeitschrift für Kirchengeschichte* 19 (1899), pp. 211-264, 473-485: no. 143 (pp. 475-477).

[4] Apparently published as *Oratio Iohannis Eckii theologi habita Ratisponae in comitiis imperialibus, episcopis, oratoribus et praelatis praesentibus in coena domini* (Ingolstadt, 1541). Metzler CXXIXf.

pretation of the colloquy. This was published in both Latin [5] and German [6] early the following year. The final work from Eck's hand concerning Ratisbon was his *Replica* to Bucer, which appeared in January, 1543, the month before Eck's death.

Other works published between 1541 and Eck's death include *Ains Judenbuechlins verlegung* [7] and a new edition of the *Enchiridion*, with a dedicatory letter to the then Cardinal Farnese.[8] His *Epistola de ratione studiorum suorum*, written in 1538, was published posthumously together with *De obitu Joannis Eckii*, by Erasmus Wolph, Eck's younger colleague at Ingolstadt.[9]

Eck's long association with the Frauenkirche at Ingolstadt had apparently come to a formal end before Ratisbon. From 1538 to 1540 he had been its pastor for the last time, serving temporarily at the request of Duke Wilhelm.[10] According to his *Pfarrbuch* his last sermon there was delivered on Easter Sunday 1542, shortly before his departure for the theological colloquy.[11]

---

[5] *Apologia pro reverendis. et illustris. principibus catholicis, ac aliis ordinibus imperii adversus mucores et calumnias Buceri, super actis comitiorum Ratisponae* (Ingolstadt, 1542). The dedication date is December, 1541. Metzler, *op. cit.* CXXXf.

[6] *Auff Butzers falsch ausschreiben, der handlung im Reichsstag zu Regenspurg* (Ingolstadt, 1542). Metzler, *op. cit.*, CXXXI.

[7] *Ains Judenbeuchlins verlegung: darin ain Christ gantzer Christenhait zu schmach, will es geschehe den Juden unrecht in bezichtigung der Christen kinder mordt.* Ingolstadt, 1541. The dedication is dated September 16, 1541, some six weeks after Eck's departure from Ratisbon.

[8] *Enchiridion locorum communiorum adversus Lutherum et alios hostes ecclesiae.* Ingolstadt, 1541 or 1542. Metzler (XCVII) noted that the last two digits of the publication date are illegible in the only copy he had located (Bonn). He gives the date as "nach 1541". Friedensburg (p. 477, n. 2), on the other hand, without comment gives the date as 1541, as does Wiedemann (p. 541). The *terminus a quo* is August 15, 1541, the date of the dedicatory letter to Farnese. The *terminus ad quem* is January 19, 1542, on which day Eck writes to Farnese that the work has been published ("nostris hominibus publicavi.").

[9] *Epistola Iohannis Eckii theologi, de ratione studiorum suorum, scripta anno MDXXXVIII, nunc vero primum aedita. Alia epistola. De obitu Ioan. Eckii, theologi, adversus calumniam Viti Theodorici ecclesiastae Nornbergensis. Autore Erasmo Wolphio* (Ingolstadt, 1543). A modern edition of these two works is edited by Johannes Metzler, S. J., and is published in *Corpus Catholicorum*, No. 2 (Münster in Westfalen 1921).

During 1541 and 1542, new editions appeared in Paris of all four volumes of Eck's Latin sermons (*Homiliarum sive sermonum ... adversum quoscunque nostri temporis haereticos*, first published in 1534). There seems to be no evidence, however, that Eck was directly involved in this project. Metzler, *Tres orationes funebres*, CXVI-CXXIV.

[10] August Brandt, *Johann Ecks Predigttätigkeit an U.L. Frau zu Ingolstadt* (1525-1542). *Reformationsgeschichtliche Studien und Texte*, 27-28 (Münster in Westfalen, 1914), p. 11.

[11] Joseph Greving, *Johann Ecks Pfarrbuch für U. L. Frau in Ingolstadt. Ein Beitrag*

Besides the evidence of his writings there is little else to shed light on Eck's activities during these years. There are letters, in which we catch glimpses of a few other concerns. The correspondence of his devoted friend Nicholas Ellenbog, humanist and prior of the Benedictine monastery at Ottobeuren, tells of a proposed school for the order for the teaching of philosophy, theology, and languages. Unfortunately they tell nothing of specific efforts on Eck's part either for or against the project.[12] Friedensburg's collection of letters from Eck preserved in Italian archives reveals not a great deal more about how he was spending his time: among other subjects we read of a series of requests for money from Rome, especially in connection with the marriage of his halfbrother and the academic career in Paris of his nephew;[13] a request to Contarini for documents he might use in his continuing pamphlet warfare against the heretics;[14] and expressions of hope for the success of the forthcoming council of the Church.[15]

From the evidence it at least appears that Eck carried on a vigorous schedule including writing and some teaching (witness the present lectures) from the time of his return to Ingolstadt in 1541 until his brief final illness. Letters of the period contain no references to illnesses or other interruptions. Those who delivered the funeral orations mention his continuing labors, down to the dictation of letters in his final days.[16] Finally, he had been scheduled to preside in February 1543 over the doctoral disputation of his pupil Georgius Flach;[17] an indication both of his continued involvement in academic life and of the suddenness of his last illness.

---

zur Kenntnis der pfarrkirchlichen Verhältnisse im sechzehnten Jahrhundert. Reformationsgeschichtliche Studien und Texte, 4-5 (Münster in Westfalen, 1908), p. 62.

[12] Nikolaus Ellenbog, *Briefwechsel*, Einleitung und Buch I und II von Andreas Bigelmair. Buch III-IX und Register von Friedrich Zoepfl. *Corpus Catholicorum* 19/21 (Münster in Westfalen, 1938). References to the school occur in a letter from Ellenbog to Salicetus dated October 8, 1542 (459f.), and from Eck to Ellenbog of September 30, 1542 (464).

[13] On the marriage of Simon Thaddeus Eck see no. 144, Eck to Farnese, January 19, 1542, pp. 477-488; no. 145, Eck to Contarini, January 20, 1542, pp. 478-483. On his nephew's studies see again the latter epistle, as well as Eck to Morone, no. 143, July, 1541, pp. 475-477.

[14] *Ibid.*, no. 145, p. 482.

[15] Eck to Farnese, January 19, 1542 (Friedensburg, *op. cit.*, no. 144, 477-478); Eck to Pole, Parisio and Morone in Trent, November 20, 1542 (no. 148, p. 485).

[16] See Metzler, editor, Erasmus Wolph, *De obitu Eckii, Corpus Catholicorum* 2, p. 80, 22-23.

[17] Flach to Ellenbog, February 13, 1543, in Ellenbog, *Briefwechsel*, p. 473. This is the letter in which Flach reports Eck's death to his long time friend. Flach delivered one of the three orations: Metzler, *Tres orationes funebres*, pp. 27-40.

The Condition of the Text

In manuscript form the *Annotatiunculae* cover 164 sides (179^r-260^v of cod. ms. 8). The number of lines of text per side varies from nineteen to thirty-two; the average is between twenty-five and twenty-six. The hand is regular, the abbreviation minimal. There are occasional underlinings, possibly by other hands. At times words or phrases are written and then scratched through, with others substituted immediately after.

The organization is rather loose. In general terms the lectures are organized by *distinctiones*; as we shall see, however, there are many exceptions even to this rule. One section, but only one, is named in the heading a *lectura* ("Alia Lectura de Imagine", 190^v, p. 29.12).

Among the irregularities of the manuscript three of the most noteworthy are found at 211^r-212^r (p. 60), (pp. 69-70), 230^v-231^r (pp. 91-92), and 243^v-244^r (p. 111). At the first of these Eck concludes a discussion of Distinction 12 at the sixth line of p. 211^r. The puzzling seventh line is a heading, "De missione spiritussancti", a topic which corresponds most nearly to the content of Distinction 16. The rest of the page, however, is blank, as is 211^v. Then 212^r begins with another heading, one which corresponds to Distinction 17: "Dubium: An etiam filius mittatur ad extra invisibiliter?" The absence of any discussion of Distinctions 13 through 16 suggests the possibility that a portion of the manuscript is missing. What seems more likely, however, is that Eck simply does not feel compelled to follow Lombard's text with great care. The appearance of the heading on 211^r probably means simply that Eck intended at first to lecture on the subject and then changed his mind.

The irregularity at 230^v is similar but not quite so obvious. At the bottom of 230^v Eck concludes his discussion of Distinction 31; page 231^r begins with the heading, "Distinctio 35". Again, it is unlikely but possible that some of the manuscript has been lost.

A third noteworthy irregularity is a small insert in the same hand found between 243^v and 244^r. Approximately one-third the length of the other pages, this insert has seven lines, constituting a complete paragraph, written only on one side. As it is generally related to the discussion of Distinction 40, I have placed it at the close of that distinction (244^r in the original). There is no internal evidence to explain either the reason for the insert or precisely where Eck intended to place it.

I have suggested above that the absence of two series of *distinctiones*

(13-16 at 211ʳ-212ʳ; 32-34 at 230ᵛ-231ʳ) probably does not indicate missing pages but rather suggests that Eck simply did not intend to cover Lombard's discussion precisely and completely. This suggestion gains strength from the fact that five other distinctions (24, 36, 39, 46, and 47) also receive no direct attention. Furthermore, there are fourteen more distinctions (6, 7, 8, 10, 17, 18, 28, 29, 38, 40, 43, 44, 45, and 48) which although discussed are not explicitly numbered either in headings or in the text.

I mention finally three distinctions which are incorrectly numbered. At 237ᵛ Eck's headings is "Distinctio 36, in qua pertractat Magister, quomodo Deus sit in rebus creatis", a subject which is considered in Lombard's Distinction 37. Similar mistakes occur at Distinction 27 (223ʳ, p. 78), which Eck numbers as 26, and Distinction 24 (221ᵛ, p. 76), which Eck numbers as 25.

Summarizing, we note that the manuscript as we have it includes *annotatiunculae* on thirty-six of the forty-eight distinctions of the first book of *Sentences*, although only twenty-two are explicitly numbered. To be sure, since these were lectures Eck may have stated orally which distinction was the subject for the day. Furthermore, the omitted distinction are usually closely related to preceding or subsequent ones which Eck does discuss. Nevertheless, it is clear that for the purposes of these lectures Eck did not consider himself rigidly bound to the structure provided by the first book of *Sentences*.

Peculiarities of Content

To the extent that Eck is a polemical theologian, the *Annotatiunculae* are decidedly uncharacteristic. To be sure, he occasionally takes issue with predecessors and contemporaries; instances of this are comparatively rare, however, and disagreements are mildly stated when they occur. The aim of the lectures is positive: to establish a firm theological foundation within the limits provided by the subject matter of the first book of *Sentences*.

It is evident from the impreciseness of his quotations that they are often from memory. Sometimes this famous ability of his [18] failed him: at times he cites the wrong work, and occasionally even the

---

[18] There are many contemporary references to Eck's prodigious memory. See, for example, Metzler, *Tres Orationes*, p. XXIX; Wiedemann, pp. 357f. At Leipzig in 1519, Karlstadt had complained bitterly at Eck's insistence that the disputants should cite their sources from memory rather than bring books into the hall.

wrong author. On the whole even where his citations are not *ad litteram*, they do faithfully reproduce the original meaning.

A striking and indeed disappointing characteristic of the *Annotatiunculae* is the near absence of references to the central controversies in which Eck was engaged with the Protestants. He mentions his Protestant opponents only once: in Distinction 41 he insists that they are wrong in charging the Catholics with Pelagianism.[19] Otherwise one searches in vain for clear echoes of the theological warfare to which by this time Eck had devoted twenty-five years.

Rather than attempt to anticipate all the substantial points which will interest readers of the text, I mention only two, which are important in different ways.

First there is Eck's extensive discussion of predestination. The number of pages devoted to Distinctions 40 and 41 make his treatment of predestination the longest single discussion in the *Annotatiunculae*.

Two considerations help to explain the emphasis Eck gives to this topic. Within the limits of the first book of *Sentences* this is the principal locus of a discussion of justification, grace, and free will, subjects so central to the continuing controversies with the Protestants. One of the topics he treats in Distinction 41 is the theological slogan *facere quod in se est*, a phrase under direct attack from as early as Luther's *Disputation Against Scholastic Theology* in 1517.[20] It is quite fitting that this should be the one place in the *Annotatiunculae* where the *protestantes* are mentioned.

But Eck's special interest in the doctrine of predestination was not only the result of his polemical engagement with the Protestants.[21] His first major theological treatise, published a full three years before he became embroiled with Luther, was the *Chrysopassus Praedestinationis*

---

[19] "Secunda opinio est Pelagii haeretici, qui posuit liberum arbitrium rationem esse praedestinationis, qui omnia tribuit libero arbitrio et gratiam omnino exclusit, quare dictus est hostis gratiae. Falso imponunt protestantes haeresim hanc Catholicis, qui tamen longissime ab ea dissident ... Quare mendaciter imponitur eis a Lutheranis quod amplectantur hanc Pelagii haeresim." *Infra*, p. 114. 9-19.

[20] *W.A.* 1, 221-228, especially thesis no. 33.

[21] Indeed, in one sense quite the opposite is true: Eck became embroiled with the Protestants because of his special interest in predestination and related topics. In the *Chrysopassus* Eck had already staked out a position on the *facere quod in se est*, and on the active role of the human will in justification, positions which Luther attacked very earlier in his work. Thus, Eck engaged Luther partly because he found his own theological views, stated in his book on predestination, publicly challenged by Luther.

(1514)²². This substantial work on predestination grew out of lectures on Scotus's commentary on the first book of *Sentences*, lectures Eck delivered at Ingolstadt in 1511.²³ The *Chrysopassus* demonstrates that Eck had both a long standing interest in and a wealth of material prepared for a discussion of predestination.

The position Eck defends in Distinction 41 is that of predestination *secundum praevisa merita*. A few exceptions, notably the Blessed Virgin and perhaps also the baptized who die as infants, are predestined *ante praevisa merita*.²⁴

Not surprisingly, the view of predestination presented in the *Annotatiunculae* corresponds in general and in many specific details to the position Eck defended three decades earlier in the *Chrysopassus*.²⁵ Besides his general thesis, another parallel between the two works is his concession that the opposing view, predestination *ante praevisa merita*, is "also Catholic", and even the majority view among theologians.²⁶ (Thus he is not battling heretics but defending one of two

---

²² *Chrysopassus a Ioanne Maioris Eckio procancellario Auripoli et Canonico Eisteten. Lecta est subtilis illa praedestinationis materia, Wilhelmo Illustris. Principe Baioariam Gubernante. Anno Gratiae G. D. XII* (Published at Augsburg, 1514).

²³ For a summary of the circumstances surrounding the writing of the *Chrysopassus* see Joseph Greving, *Johann Eck als junger Gelehrter: eine literar- und dogmengeschichtliche Untersuchung über seinen Chrysopassus praedestinationis aus dem Jahre 1514*. Reformationsgeschichtliche Studien und Texte, Heft 1 (Münster in Westfalen, 1906), p. 16-19.

²⁴ ". . . Ex parte praedestinati secundum piam iusticiam aliquando nulla est caussa, aliquando vero est caussa. Exemplum primi in beata virgine Maria . . . Sub eodem membro quidam ponunt pueros iam baptisatos et mox in innocentia decedentes. In aliis vero adultis est ratio praedestinationis, ut diximus." *Infra*, pp. 116.31-117.4, p. 152.

²⁵ Eck states his conclusion in Centuria Secunda, par. XCIII: "Misericordissimus deus aliquos sine ratione praedestinat: aliquos vero cum causa et ratione, non quidem necessitante sed congruente et decente." He goes on to mention the Blessed Virgin as the first example of the former (II. xcv), followed in his discussion by other *sanctificati ex utero* mentioned in Scripture: John the Baptist and the prophet Jeremiah. He then mentions some who have been assigned by others to the category of *praedestinati ante praevisa merita*: Isaiah, Enoch, Elijah, John the evangelist, Saint Nicholas, and Joseph (II. xcvii-c). Eck does not commit himself concerning these, nor at this point concerning another possible example, the *parvuli* (III. vi): "Sed fortasse melius reservantur ad secundam partem." The suspension of judgment of the *Chrysopassus* is echoed in the *Annotatiunculae* (n. 24, *supra*): ". . . Sub eodem membro quidam ponunt . . ." Later in the *Chrysopassus*, however (IV. v), he asserts that there *is* a ratio praedestinationis in parvulis.

²⁶ In the *Annotatiunculae* Eck begins this discussion, breaks off, then begins afresh. He begins (p. 112.20), "Ad propositum. Duae sunt opiniones et ambae Catholicae. Prima, quod nulla sit ratio praedestinationis totalis vel in communi, sed sola voluntas Dei liberrima." He stops after a few more lines of discussion of this

legitimate theological positions.) Also echoing the *Chrysopassus*, finally, is the distinction Eck makes between two kinds of divine justice: *pia* and *stricta sive rigida*.[27] If humanity were judged according to the standards of strict divine justice there could be no *ratio praedestinationis*, for all would justly damned. The reality of merit, and thus of a *ratio praedestinationis*, is grounded in the *pia iustitia dei*. This argument is closely related to the familiar idea of a *conventio* between God and man,[28] by the terms of which God has promised to accept good works as deserving of divine reward.

Nowhere in the *Annotatiunculae* does Eck name those with whom he shares his view of predestination. In the *Chrysopassus*, however, he identifies his position particularly with Bonaventure; the legit-

---

opinio, without mentioning the second. Thereafter he makes a new start (p. 112.29) "De Praedestinatione Quaestio: An Sit Ratio Aliqua Praedestinationis? Circa materiam hanc sunt aliquae Doctorum opiniones. Prima est communis et ceu aliarum regina, quod scilicet nulla sit ratio praedestinationis in communi quo ad totum illud quod ad praedestinationem pertinet, sed tantum in speciali, quo ad unum et alterum effectum." This is the same opinion he has just finished describing. In this case, however, he goes on to present two other *opiniones*: that of Pelagius, quoted *supra*, n. 21; and the one which he apparently prefers (p. 114.20-22): ". . . quod sit ratio praedestinationis ex parte nostra, non ex parte Dei, quam aspiciens Deus ab aeterno huic vult dare gloriam, alteri non." I say he *apparently* prefers this one, because he does not say so explicitly. It may be that he means to distinguish his own position from this third *opinio* by distinguishing the case of the Blessed Virgin from that of most of the rest of humanity.

In the *Chrysopassus* (II. lviii), Eck asserts that the view he will espouse is preferable even though "minus communem et solemnem."

[27] From the *Annotatiunculae*: "Primo quidem hic notandum quod duplex sit iusticia Dei: una quae dicitur pia, altera stricta seu rigida. Iusticia pia vel ex suppositione est verbi gratia, quando Deus ieiunanti, obedienti, et praecepta eius servanti, vult dare vitam aeternam. Stricta vero iusticia est quemadmodum distributive vel commutativa, requirit aliquam aequalitatem in praemio et merito, et talis non est inter Deum et nos homines . . ." (p. 114.23-29). In the *Chrysopassus* he places the same distinction within the context of a discussion of the familiar *potentia absoluta* and *potentia ordinata Dei*: ". . . potest deus de potentia sua absoluta privare beatos sine iniusticia: sed secundum piam iusticiam suam sic ordinavit quod illis sic faciliter decedentibus in gratia velit dare vitam aeternam." (III. lxxv).

[28] Thus in the *Annotatiunculae* (p. 115.27-31): "Deus constituit se debitorem nostrum maxime ex pia iusticia, ergo debet nobis vitam aeternam. Sed quomodo constituit se debitorem nostrum? Primo est debitor noster ex conventione. Cum laborantibus enim in vinea convenit dicens, *Ite in vineam meam, et quod iustum fuerit, dabo vobis*. Sed haec est pia conventio." In the Chrysopassus, *conventio* is not absent, but more frequent words are *ordinatio*, *promissio*, and *acceptatio*. For example (II. lxxxixf.), "Utcunque sit, sive ponatur dignitas vel indignitas non est accipienda ex conditione et natura intrinseca vel premii sed ex ordinatione aut promissione ipsius ordinantis et acceptantis dei ... Unde in summa, Iustus est dignus vita aeterna quam meretur ex acceptatione divina ..."

imate but opposing position he associates especially with Thomas.²⁹

In addition to predestination, a second substantial matter to which I call attention is Eck's treatment of the formal distinction. This famous conceptual tool had been a bone of philosophical contention between the Scotists and the followers of Ockham, the former defending and the latter attacking it. Paul Vignaux has argued that the rejection of the formal distinction was one of the foundation stones of philosophical Nominalism.³⁰

Eck's most extended discussion of types of distinctions appears in Distinction 8 (198ʳ-199ᵛ, pp. 40-42). There he clearly defends the validity of Scotus's formal distinction as he understands it. He identifies it with Thomas's *distinctio rationis ex parte rei rationabilis* (199ʳ, p. 42.1-2). Furthermore, he seems to argue later that members of the *via moderna* use the concept called by still another name.³¹

Whatever else the importance of this discussion, it has some bearing on an unresolved issue in Eck research, namely that of Eck's relationship to Nominalism. At the beginning of this century Joseph Greving argued that Eck was to be interpreted as an eclectic thinker, preferring the Old Franciscans above all others but combining ideas from that

---

²⁹ *Chrys.* IV. xiii *fin.* (reflecting upon the confusing array of opinions concerning predestination): "... nam multis flectibus et undosis ventis agitata carina nostra, doctoribus hincinde in diversa euntibus, tandem ad divi Eustachii Bonaventurae portum applicuimus." Slightly earlier, in his *peroratio* to the central part of the Chrysopassus, Eck addresses the reader (*Ibid.*): "Constante ergo ex utraque parte instructa acie exercitu, tuae erit libertatis selectio ad quem deficere malueris. Quemcunque enim vel ex Thoma aut Bonaventura delegeris primipilum voto fueris tuo."

³⁰ See his famous article on "Nominalisme" in the *Dictionnaire de Théologie Catholique*, especially the following: " 'Le nominalisme de Guillaume d'Ocham, dans ses elements spécifiques, est dirigé directement contre Duns Scot' ... (a quotation from Longpré) ... Notre analyse du nominalisme confirme cette opinion: dans toutes questions, ou presque, que nous avons rapportées, Scot paraît au nombre des adversaires, souvent le principal ou même le seul; la théorie des distinctions qui nous a semblé d'importance décisive est essentiellement dirigée contra sa distinction formelle ...." (11/1, cols. 877f.)

³¹ This seems to be implicit in the following passage (p. 42.1-17): "Secunda itaque distinctio est formalis seu ex natura rei ... Exempli gratia, in lacte est albedo, est et dulcedo. Licet itaque albedo et dulcedo in lacte sint una res et in una re, tamen ex natura rei sunt distinctae formalitates seu realitates ... Est itaque inter illas distinctio non realis nec essentialis, sed formalis, quam Scotus vocat, vel ex natura rei. Et ut ea distinctio poneretur in divinis coegit Doctores contradictio; pater enim gignit filium intellectu, non voluntate, quare opus est ut intellectus et voluntas distinguantur, formaliter scilicet. Item in illa distinctione aliqua distinguuntur non ut res et res, sed ut quidditates et quidditates, *seu realitates ut Iuniores loquuntur, seu formalitates ut Scotus* ..." (italics added).

source with those of later theologians, especially the Occamists.[32] The evidence Greving cites is taken from the *Chrysopassus*, where Eck seems to describe his intellectual stance in just such terms.[33]

Among subsequent scholars, Heinrich Schauerte and Klaus Rischar have generally shared Greving's view,[34] while the principal spokesman for the opposition is Erwin Iserloh. In his book on Eck's doctrine of the Eucharist Iserloh argues that Eck remains fundamentally a Nominalist, and implies that his work suffers accordingly.[35]

To the extent that Vignaux is correct in his evaluation of the centrality of the formal distinction for the definition of Nominalism,

---

[32] "Bonaventura und Scotus waren seine liebsten Autoren, und zwar Bonaventura noch mehr als Scotus. Daneben aber berücksichtigte er auch sehr stark die Meinungen der Occamisten, an deren Ansichten er sich oft in Detailfragen anschloss . . .vielmehr stand er hauptsächlich auf dem Boden der älteren franziskanischen Theologie, ohne aber bloss deren Nachtreter zu sein, vielmehr suchte er gewisse Errungenschaften späterer Spekulationen mit den Systemen der frühern Zeit zu vereinigen. Eck war also damals in der Theologie ebenso in der Philosophie ein Synkretist." Greving, *Eck als junger Gelehrter*, p. 101.

[33] On his preference for Bonaventura's view of predestination see n. 31. Early in the *Chrysopassus* (I. xii) he states his general affinities toward both Bonaventura and Scotus: "Duos tamen praecipue venerabor, Divum scilicet Eustachium Bonaventuram, et Ioannem Scotum cognomento subtilem." He declares his independence of even these, however: He will be free to disagree with them where appropriate.

In an important discussion of Scotus' theory of instances (III. lxxiii) Eck notes that he had formerly been a follower of the *Recentiores*, mentioning Occam and Gregory of Rimini by name. His point there is that even then he did not reject the application of Scotus' formal distinction involved in the theory of instances. Indeed, he asserts, both Occam and Gregory make similar distinctions. He concludes: "Ita supra docuimus in re Neotericos a Scoto non dissidere."

One could draw other pertinent material from the *Chrysopassus*, but this is enough to show how Greving reached his conclusions about Eck's general relationship to the philosophical tradition.

[34] Thus Schauerte, after reviewing the list of authorities Eck cites most frequently: "Schon die angeführten Namen der von Eck benutzten Schriftsteller lassen vermuten, dass er nicht ausschliesslich einer bestimmten Richtung angehört, sondern sich bald an die eine, bald an die andere anlehnt." *Die Busslehre des Johannes Eck. Reformationsgeschichtliche Studien und Texte*, Heft 38/39 (Münster in Westfalen, 1919), pp. 48f. Rischar, citing Greving, states briefly, "Zwischen den miteinander verfeindeten Schulen der Nominalisten und der Realisten suchte er zu vermitteln". *Johann Eck auf dem Reichstag zu Augsburg 1530. Reformationsgeschichtliche Studien und Texte*, Heft 97 (Münster in Westfalen, 1968), p. 2.

[35] Iserloh speaks of Eck's "nominalistische Geisteshaltung" (p. 344), and blames his "late medieval, nominalistic conception of faith" for some of his weaknesses as theologian (352). In these and other places (pp. 150, 170, 235) Iserloh simply takes it for granted that Eck's intellectual foundations are nominalistic. *Die Eucharistie in der Darstellung des Johannes Eck. Ein Beitrag zur vortridentinischen Kontroverstheologie über das Messopfer. Reformationsgeschichtliche Studien und Texte*, Heft 73/74 (Münster Westfalen, 1950).

the *Annotatiunculae* provide a measure of additional support for the position of Greving, Schauerte, and Rischar regarding Eck's relationship to Nominalism.[36]

The importance of this point should not be exaggerated, however. Even if one grants the centrality of the rejection of the *distinctio formalis* for the first generation of Nominalists, it is not clear that the line should be drawn in just the same place two centuries later. Clearly, Eck wishes to draw the line differently: in the *Annotatiunculae*, as in the *Chrysopassus*, he is claiming that the formal distinction (although not called by that name), far from being a wall separating Nominalists and Scotists, is actually a bridge joining them (and also the followers of Thomas) together.

Notes on this Edition

I call the reader's attention to the following characteristics of the present edition of the *Annotatiunculae*.

(1) Although the pagination does not correspond to that of the original, the pagination of the latter appears in the margins.

(2) Where Eck's commentary is undesignated but clearly relates to a particular distinction in Lombard, I have added the number of that distinction in brackets as a heading.

(3) I have corrected obvious misspellings, usually without calling attention to the fact. In cases where Eck consistently uses an unusual spelling, however (e.g., *caussa, spiritussanctus*), I have left it unchanged. Occasionally I have thought it wise to indicate in the apparatus where editorial changes have been made in spelling.

(4) In other respects the orthography of this edition is that of the original manuscript.

(5) To assist the modern reader I have taken liberties with punctuation, capitalization, and paragraph arrangement. In addition, I have

---

[36] The readers should note that I have deliberately limited this discussion to Eck's relationship to *philosophical* Nominalism, and have not broached the related subject of his place on the *theological* spectrum of the later Middle Ages. This is by no means to deny the importance of that discussion; nor is it to assume that there is a great gulf fixed between theology and philosophy in late medieval thought. Within the scope of a brief introductory essay one must draw narrow limits; it seemed wise here to draw mine so as not to include that very extensive area.

frequently taken words or phrases which are found as headings in the manuscript and placed them within the line. Thus (259^v, p. 134),

"Augustinus:
Non fit aliquod, nisi omnipotens Deus fieri vellet vel nolendo, vel ferendo"

becomes

"Augustinus: Non fit aliquod etc."

(6) Quotations are in italics. On the frequent occasions when they depart from the original I have adopted the procedure of adding one or two asterisks to the footnotes. Biblical citations are based upon the Vulgate Bible.

IN PRIMUM LIBRUM SENTENTIARUM ANNOTATIUNCULAE, D. IOHANNE ECCIO PRAELECTORE, ANNO AB CHRISTO NATO 1542 PER DIES CANICULARES, QUOS ALIOQUI A STUDIIS GRAVIORIBUS FERIARI SOLEBAT.

IN PROLOGUM DOCTORUM

Theologia est scientia quae de Deo, eius perfectionibus, attributis, et relationibus tractat, aut etiam de creaturis secundum quod in Deum referentur. Diximus principio in diffinitione, theologia est scientia quae tractat *de Deo*. Hoc nomen ipsum exprimit. Theologia enim sermo est de Deo: *de perfectionibus eius*, id est potentiis ut voluntate; *attributis*, quae oriuntur ex perfectionibus divinis; *relationibus*, quales sunt *pater genuit filium* et similes. Tanta est autem theologiae amplitudo ut non contenta sit solum docere de Deo sed etiam *de creaturis* ea tamen ratione qua referuntur in Deum, puta quia vel creantur a Deo vel beatificantur a Deo.

De Subiecto

Subiectum primarium et perfectissimum theologiae est Deus, quia tota theologia est de Deo et eius proprietatibus ac operibus, utpote creationis, gubernationis, redemptionis, iustificationis, et glorificationis. Secundarium vero etiam assignari potest creatura, maxime vero homo, qui gratiae Dei et iustificationis capax est.

Deinde sciendum est theologiam esse duplicem: naturalem unam, alteram supernaturalem. Naturalis est quae ex rebus naturalibus sumitur praesidio luminis naturalis. Est autem lumen naturale dictamen naturalis luminis, cuius praesidio etiam philosophi devenerunt in cognitionem unius Dei. Et ea theologia etiam a philosophis tractata est. Supernaturalis est quae excedit naturam, et non cognoscitur nisi per lumen revelatum aut inspiratum. Est autem lumen revelatum aut inspiratum quod prophetae, apostoli, et alii sancti viri habuerunt. Naturalis theologia maxime versatur in parabolis et similitudinibus, quarum Evangelia plena sunt, quare etiam theologia symbolica dici ea potest. De supernaturali et inspirata Paulus apostolus ait: *Omnis scriptura divinitus inspirata*, et caetera. Inspiratio autem duplex est, mediata et immediata. Quando Deus inspiravit Abrahae, Mosi, apostolis, quid facerent quidve dimitterent, inspi-/ratio fuit immediata. Media vero revelatio seu mediata inspiratio quam nos accepimus ab illis qui ipsi immediate acceperunt a Deo, utpote ab apostolis.

Tertio notandum est quod theologia adhuc duplex sit, acquisita et infusa. Et haec divisio non omnino incidit cum superiore. Acquisita enim in se comprehendit revelatas ambas, et eam quae est mediata et eam quae est immediata. Infusa vero est quae immediate habetur a Deo, cuius theologi sunt et dicuntur *theodidacti*, id est a Deo docti, quales fuerunt apostoli, et ea etiam generalior est quam sit inspiratio immediata.

Quarto adhuc triplex est theologia. Prima est in Deo et in mente divina; secunda in se; et tertia in nobis. Prima est excellentissima quia Deus *theologotatos* est, de quo Augustinus ait: *Deus solus theologus est, nos vero sumus discipuli eius*. Theologia in se est talis qualem facere potest obiectum theologicum in intellectu humano sibi proportionato. Theologia in nobis est qualem intellectus noster potest accipere de Deo. Nos itaque secundum statum viae theologiam habemus in nobis. Beati habent in se. Quare dicunt Doctores quod theologia in nobis subalternetur theologiae in se, hoc est beatorum. Theologia nostra est credita, theologia in se est scita.

Quinto in unaquaque scientia oportet investigare subiectum scientiae illius, cui scilicet omnia in ea scientia attribuantur. Est itaque subiectum theologiae (ut antea quoque diximus) Deus ipse, ad quem omnia in theologia tractata principaliter referuntur. More enim philosophorum loquendo, subiectum est id in quo omnes res et scientiae illius veritates virtualiter continentur. Obiectum autem theologiae est sacra ipsa scriptura et quae sequuntur ex illa atque bona illatione inferuntur, id quod saepius Doctores facere solent contra haereticos.

Sexto tractant Doctores quoque speculativa ne sit theologia, an practica. Sed breviter varias Doctorum opiniones colligendo dicimus triplicem esse theologiam, speculativam, practicam, et affectivam. Speculatio est operatio intellectus ad nihil aliud extra speculationis genus ordinata, ut pater genuit filium, Deus est trinus et unus, quae mera speculatio est. Nec obstat quorundam opinio qui dicunt eas

---

1 II *Tim.* 3, 16.
16-17 Not located.

propositiones esse practicas, propterea enim nos cognoscere et intelligere debere Deum trinum esse et unum, item patrem generare filium et caetera, ut sciamus eum demum recte venerari et adorare. Sed hoc nihil facit ad rem. Consyderamus enim enunciationes illas ita ut sunt et enunciantur, quomodo mere sunt speculativae. Practica itaque est quae dictat vel magis quae dirigit theologiam speculativam, ut *diliges Deum tuum ex toto corde*. Affectiva vero theologia est amoris / vel quae traditur per raptum et extasin, quam nonnulli mysticam vocant.

Hactenus de prohemio in theologiam.

---

5 mere *scripsi*; maere.

---

7 *Deut.* 6, 5.

IN PRIMUM SENTENTIARUM

Dicitur *Liber Sententiarum* quia continet sententias theologicas. Petrus Cameracensis ait quod totum quatuor librorum sententiarum contextum Iohannes Evangelista complexus sit statim in principio
5 Evangilii sui. Nam quando incipit, *In principio erat verbum, et verbum erat apud Deum, et Deus erat verbum*, hiis paucis verbis totam primi libri materiam tetigit. Deinde quando subiungit, *Omnia per ipsum facta sunt, et sine ipso factum est nihil*, comprehendit materiam secundi libri, inibi enim tractatur de mundi creatione. Tertius vero agit de
10 incarnatione verbi, id quod Iohannes tetigit hiis verbis, *Et verbum caro factum est*. Materia vero quarti libri est de sacramentis et sacramentalibus, quod et Iohannes expressit brevi compendio inquiens, *Et habitavit in nobis; et vidimus gloriam eius*, hic per gratiam scilicet sacramentorum, et alibi per gloriam. Magister autem habet alium
15 modum applicandi et assumendi. Assumit enim Augustinum praeceptorem suum, quem semper in manibus habuit.

3-14   Cam. *Sent.*, principium (fo. ii B).
5-6   *Ioan.* 1, 1.
7-8   *Ioan.* 1, 3.
10-11 *Ioan.* 1, 14.
13   *Ioan.* 1, 14.

181ᵛ ## IN PRIMAM DISTINCTIONEM

Quae est quod *omnis doctrina theologica versetur circa res et signa*. Cum autem dicit Augustinus, *omnis doctrina*, oportet sane verba intelligere secundum materiam subiectam. Omnem ergo doctrinam
5 dicens Augustinus non quamlibet doctrinam intelligit, sed theologicam dumtaxat, et ea est quae circa res et signa versatur. Res tractantur in libris tribus prioribus; signa, id est sacramenta et sacramentalia, in postremo.

Uti est actus voluntatis quia dicit Augustinus, *uti ut est assumere*
10 *aliquid in facultatem voluntatis*.

Voluntas autem habet actus differentes. Iuniores post Aristotelem appellant actus referentes et actus non referentes. Per actum referentem intelligunt quando voluntas eligit aliquid propter aliud, et hoc est uti. Per actum non referentem, quando voluntas non refertur
15 ad aliud, id quod frui est. Augustinus itaque in illa tractatione ponit duos actus voluntatis, uti scilicet et frui. Per *frui* intelligit actum voluntatis irreferentem, per *uti* vero actum referentem, quando inquam aliquid diligimus propter aliud; petis enim libros ut studeas, frumentum ut semines, et caetera.

182ʳ Fruitio autem usurpatur bifariam. Primo large, et hoc modo frui est alicui inhaerere rei propter seipsam. Sic fruimur virtutibus, angelis, hominibus bonis. Strictius autem frui est inhaerere alicui rei propter seipsam et tanquam summo bono et ultimo fini; sic solo Deo fruimur. Distinctio illa valet ad multas Doctorum quaestio-
25 nes solvendas et intelligendas, ita large accipiendo virtutibus fruimur, hominibus fruimur, quemadmodum Paulus dicebat: *Fruar te in domino*. Hinc resolvitur etiam magnum illud dubium, an sit dabilis actus neuter seu medius inter uti et frui. Large enim accipiendo *frui* non est dabilis actus medius; stricte vero dari potest, ut iam diximus.
30 Fruitio adhuc duplex est, ordinata et inordinata. Ordinata est quando summe diligibile summe diligitur et amatur propter se, ut Deus. Inordinata quando summe diligitur quod non est summe diligibile. Hinc Scotus ponit unum quod bene notandum est:

---

2 Lomb. *Sent.*, L. I, d. i, n. 1** (PL 192, 521); cf. Aug., *De doctr. chr.*, L. I, c. 2 (PL 34, 19; CSEL 80, 9.4-5).
9-10 *De trin.*, L. X, c. xi xl, n. 17 (PL 42, 982; BA 16, 154).
11-12 Cf. Biel, *Collect.*, L. I, d. i, q. 1, a. 1, nota 2 B; Occam, *Sent.*, L. I, d. i, q. 1. C; Arim,, *Sent.*, L. I, d. i, q. 1 O.
15-16 *De doctr. chr.*, L. I, c. 4 (PL 34, 20; CSEL 80, 9.24-25).
20-21 *De doctr. chr.*, L. I, c. 4 (PL 34, 20; CSEL 80, 10.5).
26-27 *Philem.* 20.

Omnis (inquiens) *peccator peccando fruitur seipso.* Hoc declarans Richardus de Sancto Victore, ubi peccati maliciam ostendit, inquit quod quilibet peccator peccando facit se Deum. Qui enim peccat et contra legem Dei facit, seipso fruitur, se Deo praeponens, et seipsum magis quam Deum diligens, id quod cum facit seipso fruitur et seipsum sibi Deum constituit, quo solo fruendum esset. Et haec caussa est et radix, cur Deus puniat peccatorem propter brevem et momentaneam voluptatem aeterna damnatione. Peccatum enim quo quis Deum contemnit et seipsum Deum constituit, infinitae maliciae est.

182ᵛ Adhuc fruitio ordinata bifariam partitur. Una enim viae est, alia patriae. Fruitionem viae habuerunt sancti viri in hoc mundo. Patriae, quae et consummata est, in aeterna beatitudine est, hinc et Doctores dicunt quod beatitudo sit fruitio.

Fidei succedet visio, spei tentio, charitati imperfectae succedit charitas perfecta. Quare Paulus ait quod *ex parte evacuabitur*, ut fides et spes. Charitas autem auctior permanebit.

Quaelibet scientia habet proprios terminos quibus utitur; ita *uti* et *frui* termini sunt theologici. Est itaque frui nihil aliud quam aliquid diligere propter se, uti autem diligere propter aliud.

An fruitio beatifica sit passive in voluntate vel active? Quaestio difficilis est et ab antiquis patribus non tacta, sed solum a recentioribus mota. Voluntas habet se passive ad actus beatificos. Passive itaque se habere est recipere et non elicere. Activa vero se habet voluntas quando elicit et non recipit. Ita voluntas sancti Petri habet se passive, id est recipit beatitudinem a Deo. Petrus vero non dat sibi eam fruitionem beatificam. Et hec solutio multum conformis est sacris litteris, quoniam Deus praemiat sanctos. Commendat etiam munificentiam Dei, qui adeo munificus et liberalis est ut merita nostra praemiari velit. Hinc sequitur etiam quod omnis beatus necessario est

183ʳ beatus. / Quia cum fruitio beatifica non sit a voluntate sancti sed Dei, ut iam diximus, sancti non possunt non diligere Deum et sic non possunt non esse sancti. Quare et ad eam quaestionem, An voluntas possit necessitari, respondetur affirmative quod sic, sed non cogi; coactio enim repugnet voluntati, necessitas autem non voluntatis libertati, sed solum mutabilitati. Cum autem voluntas sanctorum immutabilis sit, necessitatur ita quoque damnatorum et maledictorum, Deum blasphemantium.

---

1   *Op. Ox.*, L. I, d. i, q. 5, n. 4 (Vivès 8, 381 f.).
1-3   Not located.   15 *I Cor.* 13, 10.
20-21   E. g., Occam, *Sent.*, L. I, d. i, q. 2, a. 2, concl. 4 C.

DISTINCTIO SECUNDA: DE TRINITATE ET UNITATE

Dixerat Magister de rebus quibus fruendum sit, patre scilicet, filio, et spiritusancto. Dimissis itaque rebus utendis, pergit nunc res fruendas explicare. Dicit ergo quod Deus sit trinus et unus: unus in
5 essentia contra Arrium, trinus in personis contra Sabellium.

Divinitas est una natura, essentia simplicissima, perfectissima, et cum hac unitate oportet credere tres personas. Sed dicis: Qualiter cum huiusmodi unitate et simplicitate stare potest distinctio personarum? Respondetur brevissimo: Pluralitas personarum non repugnat
10 simplicitati divinae, sed magis compositio. Illud enim quod compositum est non est simplex.

Compositio autem duplex est: compositio ex hiis, et compositio cum hiis. Res facilior reddetur per exempla. / Deus solus simplex
183ᵛ est, imo simplicissimus. Omnis autem creatura composita vel compo-
15 sitione ex hiis vel compositione cum hiis: compositione ex hiis ut homo, qui componitur ex anima et corpore; cum hiis ut substantia cum accidentibus. Anima hominis non est adeo simplex ut est Deus vel angelus, quia est componibilis cum corpore. Angelus denique non est adeo simplex ut Deus, est enim componibilis cum acci-
20 dentibus, habet enim amorem, voluntatem, dubitationem, et caetera. Deus vero solus simplicissimus est, cum nulla re componibilis.

Sed unde venit pluralitas personarum? Respondetur ex productione. Productio autem Dei duplex est, una ad extra, altera ad intra. Ad extra productio Dei fit per voluntatem et operationes Dei externas,
25 sicuti cum creavit coelum et terram, gubernat mundum, productiones fiunt ad extra, id est extra naturam divinam. Illarum autem productionum principium et caussa est voluntas (ut diximus) divina. *Omnia enim quaecunque voluit fecit.* Hinc theorica est Iohannis Damasceni: *Opera trinitatis ad extra sunt indivisa,* id est communia tribus personis,
30 ut Deus gubernat mundum, quod intelligitur de Deo patre, filio, et spiritusancto. Ita Deus redemit genus humanum. Sed quomodo pater cum solus filius id redemerit morte sua? Dicimus quod etiam pater redemerit per filium suum, quem scilicet misit in hunc mundum.
184ʳ Productio itaque ad extra fit in creaturis, produ-/ctio vero ad intra
35 fit in divinis.

1-4   Lomb. *Sent.*, L. I, d. ii (PL 192, 525).
27-28 *Psa.* 113B (115), 3*.
29   This point is made by Damasc. in *De fide orth.*, L. I, c. 10 (PG 94, 839-840A) *et passim*; Eck's formulation is much closer, however, to Aug., *De trin.*, L. I. c. 5, n. 7 (PL 42, 824; BA 15, 104), and *Contra serm. arian.*, c. 4 (PL 42, 686).

Est autem productio Dei ad intra duplex: una generatio, ut filii, altera spiratio, ut spiritussancti.

Productio ad intra est ipsa potentia productiva. Sed cum Deus sit actus purissimus, quomodo admittitur in eo potentia? Solutio.
5 Duplex est potentia: Obiectiva, et haec non admittitur in Deo; altera vero productiva, quam in Deo esse admittimus.

In divinis itaque sunt duo principia productiva, quae et vires seu potentiae productivae dicuntur: intellectus scilicet et voluntas. Proinde principium producendi in divinis unum est ut quod; ita
10 pater est principium filii, pater et filius sunt principium spiritussancti. Alterum est principium ut quo, ita pater generat filium ut quo, id est quo modo vel qua ratione per intellectum. Pater et filius generant spiritumsanctum ut quo, id est per voluntatem. Sane modus iste loquendi fundatus est in Augustino *De Trinitate*. Quo ergo pater
15 generat filium, dicit Augustinus per memoriam faecundam. Quo pater et filius generant spiritumsanctum? Per voluntatem faecundam. Per memoriam faecundam in divinis intelligitur potentia intellectiva, hoc est intellectus divinus una cum essentia divina.

184ᵛ Intellectus divinus duo in se habet. Unum est intelligere, quod est
20 operatio in divinis, et hoc commune est tribus personis. Alterum est dicere, et hoc respicit productionem verbi divini, id est filii. Hinc Augustinus ait: *Verbum non gignitur ab intelligentia, sed a memoria.*

A cognoscente et cognito paritur noticia. Noticia Dei est duplex. Una essentialis, qua Deus omnia cognoscit et intelligit, quae commu-
25 nis est tribus personis. Alia est noticia personalis, et haec est ipsemet filius, productus a memoria faecunda.

Quaestio: Si pater producit filium, ergo filius dependet a patre? Respondetur quod non. Quia nulla est dependentia in divinis. Filius quidem est a patre sed non dependet ab eo. Dependentia non potest
30 esse nisi in hiis quae sunt distincta in essentia.

Communicabile

Duplex est communicabile: Communicabile ut quod, et communicabile ut quo. Communicabile ut quod fit identice sed communicabile ut quo fit accidentaliter, sicuti albedo communicatur parieti ut quo,
35 paries enim fit albus albedine.

---

14 *De trin.*, L. IX-X (PL 42, 959-984; BA 16, 72-158).
22 Cf. *De trin.*, L. IX-X (PL 42, 959-984; BA 16, 72-158).
23 Aug., *De trin.*, L. IX, c. 12, n. 18* (PL 42, 970; BA 16, 108).

DISTINCTIO TERTIA, QUAE EST DE COGNITIONE DEI

Propositio prima: Deus in se est summe et infinite cognoscibilis. Haec propositio deseruit summae theologiae quae in Deo est, qui et summus theologus est, quod antea diximus. Hoc autem et philosopho demonstrabile est, hac maxime ratione. Ens, unum, verum, et bonum convertuntur. Per *verum* intelligas ipsam intelligibilitatem, ut ita dicam. Hinc regula est: Quantum res habet de entitate, tantum etiam habet de unitate, veritate, et bonitate. Quia autem Deus habet esse infinitum, ergo habet quoque (praeter caetera) verum infinitum, hoc est intelligibilitatem infinitam.

2. Quare rectissime sequitur quod solus Deus cognoscit seipsum quantum cognoscibilis est. Nulla autem creatura potest Deum infinite cognoscere, finiti enim ad infinitum nulla est proportio. Quid autem de cognitione beatorum?

Tertia itaque propositio est: Deus potest a creaturis totaliter cognosci, maxime a sanctis, ita quod nihil eos lateat de essentia divina. Vel dicas: Potest cognosci ab ipsis tantus quantus est ipse. Quae quidem cognitio totalis *intuitiva* tunc dicitur. Appellatur et *comprehensio*, ita beati ex hoc dicuntur *comprehensores*. | Porro nos in hac vita *viatores* dicimur. Viator itaque est omnis homo qui est in hac vita et tendit ad coelestem patriam. Vel rectius: Viator est creatura rationalis qui non habet cognitionem Dei intuitivam sibi tamen possibilem de potentia Dei ordinata permanenter. *Permanenter* addit Gabriel propter Mosem, Paulum, beatam virginem, qui habuerunt cognitionem Dei intuitivam sed non permanentem, fuerunt enim viatores. *Sibi possibilem* dicis propter damnatos, quibus cognitio ea impossibilis est. De beata virgine diximus quoque quod habuerit cognitionem Dei intuitivam non permanentem cum Mose et Paulo. Quia (ut inquit Brulifer) nihil debet negari in beata virgine quod fuit in aliis sanctis, maxime si non repugnat sexus. Habuit itaque cum Mose, Paulo, et aliis sanctis cognitionem illam Dei intuitivam. Sacerdos vero non fuit propterea quod sexus faemineus illi impedimentum fuerit. Vel viator est persona rationalis quae nec est damnata nec beatificata, ita etiam in purgatorio existentes viatores sunt, quia nondum sunt in termino. Sed et illud hic

---

11   2. *superscr.*

---

24   *Collect.*, prologi, q. 1, a. 1, nota 1 A.
29-30   Not located. On Brulifer see the article, "Brulefer, Etienne", by Edouard d'Alençon in *DThC*, tom. 2, 1146-7.

notandum est, quod duplex sit via, una merendi, solvendi altera. In purgatorio non est via merendi sed solutionis dumtaxat.

In contrarium dicunt Hilarius et Boetius quod nulla creatura sufficiens sit comprehendere Deum. Sed ex iam dictis facilis patet solutio. Certe nulla creatura potest comprehendere et intelligere Deum in se, quia est infinite cognoscibilis, intellectus / autem creatus finitus est. Sed comprehendit eum eo quo diximus modo, id est totaliter et quantus est, quo modo sancti comprehendunt eum.

Propositio quarta: Res infinita potest infinite et etiam finite intelligi. Essentia divina res est infinita et potest intelligi infinite ab intellectu proprio infinito. Potest etiam cognosci finite ab intellectu creato. Nam intellectus recipit noticiam secundum facultatem suam intelligendi, non secundum intelligibilitatem obiecti. Verbi gratia: Oculus hominis, aquilae, et nycticoracis diversae sunt claritatis, et quilibet illorum solem intuetur secundum suam facultatem videndi et non secundum visibilitatem solis. Acutius videt aquila quam homo, et acutius homo quam nycticorax. Ita est de cognitione nostra qua Deum apprehendimus. Nos non possumus cognoscere essentiam divinam secundum suam intelligibilitatem sed solum secundum nostram cognoscendi facultatem. Et haec radix est cur lumen gloriae ponatur in beatis, illud enim elevat intellectum, ut scilicet possit altius cognoscere divinam essentiam; quanto enim quis beatior est et copiosius lumen gloriae habet a Deo pro suis meritis, tanto etiam maiorem habebit Dei cognitionem intuitivam.

5. Item Deus non est a nobis cognoscibilis aliqua noticia propria et in se. / Rem in se cognoscere est quando nihil aliud concurrit in ratione obiecti. Hac certe noticia nullam substantiam cognoscimus et in se intelligimus, sed solum metimur eam ex accidentibus. Et haec est imbecillitas intellectus nostri. Hinc communiter dicitur quod praedicamentum substantiae in conceptibus ultimatis (noticia in se) vacet quia non habemus conceptus ultimatos de substantiis. Et hoc venit nobis ex peccato. Nostra siquidem noticia sumitur potissimum a sensu, iuxta quod ait philosophus; Nihil est in intellectu nisi prius fuerit in sensu. Quare Dialectici in praedicamento substantiae accipiunt conceptum non ultimatum pro ultimato. Sed si hoc verum de substantia creata, quod de illa (inquam) non possumus habere noticiam in se et propriam, quanto minus de Deo. Quomodo ergo cognoscimus Deum?

3-4 Cited by Lombard in *Sent.*, L. I, d. xix (PL 192, 574).

6. Nos pro statu viae possumus cognoscere Deum in aliquo conceptu composito vel negativo, vel etiam simplici sed tamen connotativo. Conceptu (dico) composito quando intelligo Deum esse summum bonum, primum motorem, purissimum actum, et caetera. Conceptu negativo, ut Deus est infinitus. Conceptu simplici sed connotativo, ut Deus est redemptor, glorificator, creator; conceptus est connotativus, connotat enim creaturam a se factam. Voluntas divina cum obiecto praesenti est memoria faecunda, quia a cognoscente et cognito paritur noticia. / Inter rem cognitam et noticiam est aliqua similitudo.

De Trinitatis Imagine

Nulla est similitudo inter Deum et hominem seu creaturam in esse, est tamen in representando. Licet lapis realiter et substantialiter similior sit Deo re alia vel imagine (res enim viva melior est non vivente, et sic summae vitae similior), non tamen representative, ita quoque homo. Sed quomodo homo vel alia creatura potest representare Deum? Homo per intellectum, memoriam, et voluntatem representat tres personas in divinis. Licet similitudo illa sit imperfecta, nihilominus tamen similitudo est. Ambrosius: *Quantumcunque mens nostra in contemplatione Dei proficit non ad illud quod ipse est, sed ad illud quod sub ipso est attingit.* Et Dionysius ait: *Negationes de Deo sunt verae, affirmationes vero incompactae.* Authoritas est difficilis et parum ab aliquibus sane intellecta. Voluit certe author verbis hiis ostendere modum quo Deum cognoscere possemus. *Negationes* itaque *de Deo sunt verae,* Deus est non homo, non lapis et caetera. / *Affirmationes vero* sunt *incompactae,* id est particulares quia imperfecte nobis significant perfectiones divinas. Ut *Deus est bonus* particularis est prolatio, scilicet bonitas. In summa, in omnibus affirmationibus non habetur quod perfecte explicet divinas perfectiones.

Sed cum plures sint conceptus de Deo, quaeritur iam quis illorum sit perfectior et simplicior. Communis quidem est opinio Doctorum quod conceptus entis infiniti perfectior sit et simplicior. Melius tamen et tutius pro statu huius viae dicitur quod perfectior sit

---

8 divina *superscr.*
17 Homo *superscr.*

8-10 Aug., *De trin.,* L. IX, c. 12, n. 18* (PL 42, 970; BA 16, 108).
19-21 *De fide ad Gratianum,* L. I, c. 10** (PL 16, 565 f.).
21-22 *De cael. hier.,* c. 2, n. 3 (PG 3, 140; cf. PL 122, 1041).

conceptus de Deo summi boni. Nam conceptus entis infiniti nihil affirmat, nihil certi ponit, est enim negativus, conceptus autem summi boni affirmativus est, modo omnis affirmatio melior est negatione.

De Vestigio et Imagine

Nunc Magister specialius tractat quomodo trinitas cognoscibilis sit sub specie vestigii, deinde sub specie imaginis. Primo itaque sciendum quod vestigium trinitatis non reperitur in creaturis proprie sed metaphorice. Omnes autem transferentes secundum aliquam similitudinem transferunt. Igitur vestigium Dei in creaturis non est proprie, non enim incedit Deus pedibus, sed metaphorice. Differunt autem vestigium et imago formaliter. Vestigium enim proprie respicit partem, scilicet impressionem pedum, imago vero totum. Imago Cae-/saris respicit totum Caesarem. Secundo vestigium caussatur ab eo cuius est vestigium, hoc ad imaginem non requiritur, fit enim plerunque a pictore. Tertio vestigium non solum inducit in noticiam eius cuius est vestigium, sed etiam rei et veritatis contingentis.

Vestigium attribuitur omnibus creaturis, imago tantum creaturae rationali, id est humanae et angelicae.

In omni creatura reperitur vestigium trinitatis. Trinitas est quasi quoddam totum, et quaelibet persona est quasi quaedam pars; et cum in creaturis reperiantur attributa personarum et appropriata, dicitur rectissime quod in creaturis reperiatur vestigium trinitatis.

Ex creaturis autem possumus duci et venire in noticiam proprii, et appropriati, et appropriabilis trinitatis. Vestigium respicit appropriata et appropriabilia, imago vero propria. Quomodo in omni creatura reperitur vestigium trinitatis? Hoc modo. Omnis creatura hoc in se habet ut sit una, bona, et vera. Certe in omni creatura unum, verum, et bonum, et ita habet vestigium trinitatis. Unum ducit in noticiam patris. Quoniam ut unum principium est numeri et est omnis numerus in potentia, ita pater principium est trinitatis productivum.

Veritas est vestigium filii, veritas enim est ipsa intelligibilitas, et filius procedit ab intellectu divino, ut iam saepius diximus, ergo in filii noticiam ducit. Bonitas vero spiritussancti vestigium est, qui ex voluntate Dei procedit.

4-6 Lomb., *Sent.*, L. I, d. iii (PL 192, 530 f.).
34-35 *Supra*, p. 22.12.

188ᵛ   Augustinus aliam rationem vestigii ponit. Dicit enim omnem
creaturam esse vestigium trinitatis propter *unitatem*, de qua iam
diximus; *speciem*, id est pulchritudinem, quae respicit filium in
divinis, qui est imago patris; Psa.: *Speciosus forma prae filiis hominum*;
5 et *ordinem*, qui attribuitur spirituisancto.
   Alii *Sap.* verba ponderantes quibus ait, *Omnia fecisti in numero,
pondere, et mensura*, dicunt in qualibet creatura haec tria (numerum,
pondus, et mensuram) reperiri, et ita vestigium trinitatis.
   Dionysius vero assignat vestigium trinitatis in omni creatura esse
10 substantiam, virtutem, et operationem, quae ut in omni creatura,
ita trinitatis vestigium ea representare.
   Vestigium itaque (ut diximus) est respectu appropriatorum, imago
vero propriorum. Quare sciendum est quod appropriatum est
commune essentiae divinae per se, sed attribuitur uni personae
15 propter aliquam convenientiam cum suo proprio. Ut verbi gratia,
patris proprium est generare. Potentia vero, quae licet communis
sit tribus personis, attribuitur tamen maxime et appropriatur patri
(est appropriatum patris) propter aliquam convenientiam proprii
patris. Ut enim generare proprium est patris, ideo ne pater crederetur
189ʳ debilior et / infirmior filio attribuitur ei potentia. Patres enim
communiter sunt potentiores et fortiores filio, est itaque magna
convenientia potentiae paternae cum generatione sua.
   Eodem modo sapientia, licet communis sit patri et filio et spirituisancto, attribuitur tamen filio, quia filii communiter sunt impruden-
25 tiores parentibus, ne itaque crederetur filius in divinis imprudentior
patre assignatur ei sapientia. Ita bonitas quoque spirituisancto
attribuitur et caetera. Simili ratione patri attribuitur unitas, filio
veritas, spirituisancto bonitas ut iam antea diximus. Et hoc est
vestigium trinitatis quod scilicet est respectu appropriatorum.
30   Propria vero non sunt communia tribus personis sed uni dumtaxat
propria, ut generare proprium est patri, genitum esse filio, procedere
spirituisancto. Vestigium itaque ducit nos in noticiam appropriatorum
trinitatis, imago vero propriorum, et haec sumitur dumtaxat ex
creatura rationali.

35   De Imagine Plura
   Imago multiphariam sumitur. Principio Deus est imago nostra,

---

1-4 *De trin.*, L. VI, c. 10, n. 12 (PL 42, 932; BA 15, 498).
4   *Isa.* 52, 14**.   6-7 *Sap.* 11, 21*.
9-11 *De cael. hier.*, c. 11, n. 2 (PG 3, 283-286; PL 122, 1059).

quia nos creati sumus *ad imaginem et similitudinem Dei*. Item nos quoque sumus imago Dei, imo totius trinitatis. Quare (ut res clarius intelligatur) sciendum est quod duplex sit imago, creata et increata. Increata iterum duplex est, imago communiter et imago proprie. Imago communiter est ipsa tota trinitas, ad cuius similitudinem nos conditi sumus. Imago proprie est ipse filius in divinis, qui est imago et splendor patris aeterni. Propterea in divinis aliter accipitur imago et aliter similitudo, quia imago est propria filio, similitudo vero tribuitur spirituisancto. Quare cum dicitur, *Faciamus hominem ad imaginem et similitudinem nostram*, ita accipienda sunt verba: *ad imaginem*, id est imitationem filii; *ad similitudinem* vero, id est imitationem spiritussancti. Ex hoc quoque manifeste patet differentia, quando dicitur, *Homo factus est ad imaginem Dei*, et *Homo est imago Dei*. Ad imaginem Dei factus exprimit imitationem filii. Imago vero est ipse totius trinitatis, ut iam dicemus. Imago itaque creata est duplex, formata et informis. Formata intelligitur (ut in aliis) viva et charitate vestita, quemadmodum fides formata, opera viva et caetera.

Est hic quaestio apud Doctores: An homo possit perdere imaginem? Si de imagine formata est quaestio, dicendum quod sic. *Psa*: *Imaginem ipsorum ad nihilum rediges*. Loquitur certe David hic de formata imagine quae peccato utique amittitur, id quod et clarissime evincitur ex Divi Augustini verbis quando inquit, *Si homo servasset bonum quod creavit in eo Deus, imaginem suam* et caetera. Sequitur quia id bonum non servavit per peccatum perdidit imaginem. Anima itaque hominis denarius est ille evangelicus cui inscripta est imago Caesaris, hoc est Dei, et illa faedatur, deturpatur, imo perditur per peccatum.

Imago adhuc duplex est, perfecta et imperfecta. Perfecta est in contemplatione aeternorum, imperfecta in contemplatione temporalium. De perfecta tractat Augustinus *De Trinitate* libro , de imperfecta libro 14.

---

29   lacuna in ms.

---

1   *Gen*. 1, 26.
9-10 *Gen*. 1, 26.
19-20 *Psa*. 72(73), 20.
22-23 Augustine expresses a similar idea in *De genesi ad litt*., L. VI, c. 24 (PL 34, 353; CSEL 28/1, 196.23-24). Occam (*Sent*., L. I, d. iii, q. 10) cites an almost identical phrase and attributes it to Augustine "in quodam sermone".
25   *Matt*. 22, 20.
29-30 Augustine actually treats the *imago perfecta* in *De trin*., L. XIV (PL 42, 1036-1058; BA 16, 344-418), and the *imperfecta* in *De trin*., L. XI (PL 42, 984-998; BA 16, 160-211).

Conclusio 1: Imago trinitatis solum reperitur proprie in creatura rationali, id est angelica vel humana. Quia sola ea creatura rationalis potest nos ducere in noticiam propriorum trinitatis.

Conclusio 2: Ratio imaginis radicaliter consistit in substantia
5 animae, et completive in duabus potentiis vel earum actibus. Dicit completive in duabus potentiis animae, id est intellectu et voluntate. Thomas, Albertus, et Seniores ponunt imaginem trinitatis in potentiis animae; Iuniores vero in actibus duobus, qui sunt intelligere et velle. Et haec diversitas sumpta est ex Augustino qui explicans
10 rationem imaginis aliquando utitur nominibus potentiarum, aliquando nominibus actuum, ut libro 15, capite 22 *De Trinitate*.

Alia Lectura de Imagine

Imago ducit in noticiam propriorum trinitatis, vestigium appropriatorum. Pater est principium totius trinitatis, a nullo enim est. Pater
15 autem habens memoriam faecundam, id est intellectum cum obiecto sibi praesenti, hoc est essentia divina, producit noticiam genitam, id est filium, a cognoscente enim et cognito paritur noticia. De quo David psalmista: *Ex utero ante Luciferum genui te*; ubi *Psa.* loquitur de Deo patre et Deo filio, quem genuit ex utero, scilicet intellectus
20 sui, hoc est memoria faecunda. Pater autem et filius producunt spiritumsanctum. Sicut enim amor producitur ab essentia animae et a cognitione, quia nihil amatum nisi cognitum vel volitum, cognitio enim caussa est amoris, charitatis, et volitionis; ita amor increatus, id est spiritussanctus, creatur a patre et noticia patris, id est
25 a filio. Quare hic clarissime videtur quod imago represented propria trinitatis.

Propositio: Quia non possumus invenire meliorem rationem imaginis quam sit ista, tamen longe deficit a vera ratione imaginis. Ratio: quia nunquam est tanta similitudo quin maior sit dissimilitudo
30 in creaturis. Verbi gratia, diximus rationem imaginis consistere in substantia animae et in duabus potentiis vel duobus actibus. Sed in divinis tribus personis est eadem substantia, eadem essentia; in humanis vero non ita, potentiae enim animae seu actus non sunt eiusdem cum anima substantiae.

7-8   E.g., Thomas, *Sent.*, L. I, d. iii, q. 4, a. 4 *in corpore*.
8-9   Occam, *Sent.*, L. I, d. iii, q. 10 E; Biel, *Collect.*, L. I, d. iii, q. 10, concl. 3 C.
9-11   PL 42, 1089 f.; BA 16, 532 ff.
16-17 Aug., *De trin.*, L. IX, c. 12, n. 18* (PL 42, 970; BA 16, 108).
18   *Psa.* 109 (110), 3.

DISTINCTIO 4: DE GENERATIONE

An concedendum sit quod Deus genuit Deum? Deus pater dicit verbum quod et Deus est et per se subsistit, quare et persona dicitur. Verbum vero nostrum non per se subsistit, et ideo persona dici nequit.

Dubium: Si generatio in divinis est, ergo et mutatio, quia generatio species est mutationis. In Deo autem nulla mutatio (*ego Deus, et non mutor*), ergo et nulla generatio.

Aliud: Illud quod est generabile est in potentia ad esse simpliciter. Sed in divinis nihil est in potentia ad esse simpliciter cum Deus sit actus purissimus, ergo nihil quoque generabile.

Item: Subiectum generationis est mutabile et est in potentia ad formam, sed in divinis non ita; ergo.

Ad argumenta ista diluenda, notanda est haec regula et theorica: Omnia ex creaturis ad Deum translata transferuntur secundum suas perfectiones, non imperfectiones. Hoc est quod antiqui Doctores dixerunt: *A Deo removendum est quicquid imperfectionis est*. Ita certe est de generatione divina. In generatione creaturae sunt multa quae Deo non conveniunt. Sed quando eam transferimus ad divina per regulam illam facimus secundum perfectiones suas, non imperfectiones. In generatione quidem creaturarum est mutatio et ita imperfectio, sed ita eam non transferimus ad Deum. Sed dicis: Omnes transferentes transferunt secundum aliquam similitudinem; secundum quam itaque similitudinem generatio transfertur ad Deum? Dicimus breviter, generatio refertur ad divina non ratione mutationis, non ratione imperfectionis, sed ratione productionis, cuius non est mutatio et aliqua imperfectio.

Sed quaeritur ulterius: Cur nulla alia species mutationis transfertur ad Deum quam generatio, cum tamen aliae plus videantur habere perfectionis quam generatio ipsa? Respondetur breviter. Licet generatio in naturalibus sit imperfectior aliis mutationibus ratione subiecti, est tamen perfectior ratione termini et finis acquisiti. Illa autem quae sunt imperfecta in generatione quando transferuntur ad divina removenda sunt, ut iam vidimus ex theorica.

Deus Genuit Deum

Sicut admittimus in divinis generationem, ita admittendum quoque est principium productivum seu generativum, quod est intellectus

---

6-7 *Mal.* 3, 6*.
13-15 Cf. Thomas, *Sent.*, L. I, d. iv, q. 4, a. 1 *in corpore*.

paternus ut memoria faecunda. Nam intellectus paternus habens obiectum sibi praesens, id est essentiam divinam, producit filium, id est noticiam genitam, seu verbum, quae secunda persona est in divinis et non solum persona, sed etiam Deus. Quia pater generando communicat filio eandem essentiam quam ipse habet, / ibi autem deficit ratio humana. Quia in creaturis pater non communicat essentiam suam filio; communicat quidem substantiam eandem in specie sed non in numero. In divinis autem quia Deus pater filio eandem essentiam suam communicat, ergo filius est ipse quoque Deus, et hoc modo propositio illa rectissime conceditur: Deus genuit Deum.

Appendix

Noticia in divinis est duplex. *Essentialis* qua Deus omnia intelligit, et haec communis est tribus personis. Alia est noticia *personalis* quae est ipse filius, qui vere productus est, vere genitus. Concedunt quidem Doctores quod noticia essentialis sit quasi producta, cum tamen re vera non sit producta, sed additur *quasi producta* quo ad nostrum modum intelligendi et propter intellectus nostri imbecillitatem.

Filius producitur per modum naturae, et ita necessarie; spiritussanctus vero per modum voluntatis, et ita libere.

An partes imaginis sint aequales? Partes imaginis sunt intellectus et voluntas, potentiae animae, ut diximus, in quibus ratio imaginis completive consistit. Tantum autem valet quaestio, an visio in aeterna patria, quae intellectui succedet, et fruitio divina, quae a voluntate veniet, sint aequales in aeterna beatitudine.

Deus

Deus est nomen concretum, et suum abstractum est *deitas*. Quia autem nomen concretum est, etiam nomen suppositi seu personae est. Sed quia natura et suppositum idem sunt in Deo, ideo *natum* est etiam supponere pro *natura*. Vera ergo est illa, Deus genuit Deum, id est filium, qui Deus est. Concreta sunt varia, accidentis et substantiae. Accidentis, album est concretum accidentis. *Homo* est concretum substantiae, qui ab *humanitate* distinguitur, quae abstractum est, et quidditas hominis. Abstracta distinctius explicant quidditates rerum. Ita recte dicimus, Filius Dei assumpsit humanam naturam, non hominem; alioqui sequeretur quod in Christo essent duo supposita, divinum et humanum. Quando itaque dicitur quod

---

15-16 Specific phrase not located in Thomas or other *doctores*.

assumpserit hominem accipitur concretum pro abstracto, *homo* pro *humana natura*. Ad propositum. Deus genuit Deum. *Deus* est nomen essentiale et nomen personale. Habet affinitatem cum nomine proprio et appellativo. Regula: Genus masculinum et faemininum non ponunt distinctionem essentialem, id quod genus neutrum facit. Ut *filius est alius a patre* recte dicitur, sed non *aliud*.

Deus Genuit Alium Deum

Quantumcumque propositiones possint admitti de rigore sermonis, propter scandalum tamen vitandum non sunt admittendae. Licet itaque propositio illa (*Deus genuit alium Deum*) defendi possit, simplices tamen ex ea facile offendi possent et decipi, credituri scilicet plures Deos esse, quare omni modo cavenda est.

DISTINCTIO QUINTA: AN ESSENTIA GENERET ESSENTIAM?

Ea de re variae fuerunt Doctorum opiniones; aliqui enim dixerunt quod sic, alii secus, usque ad Ecclesiae determinationem quae Abbatis Ioachimi sententiam reprobando Magistri nostri approbavit. Ponentes autem quaternitatem in divinis, hoc potissimum eos movit. Nam si essentia non generat nec generatur, est ergo in divinis quaternitas. Quia pater est qui generat, filius qui generatur, spiritussanctus qui spiratur; et deinde essentia quae nec generat nec generatur. Fuit huius sententiae Richardus, alioqui gravis autor, qui propterea Magistrum meris modis proscindit. Sed nos habemus determinationem Ecclesiae, cuius sententiae modis omnibus standum est. Negamus itaque quod in divinis sit quaternitas.

Robertus Holkott: *Sicut physica fidei est super physicam naturae, ita logica fidei est super logicam naturae.* Physica naturae habet quod mundus fuerit ab aeterno, quod semper fuerint generationes et corruptiones. Sed physica fidei aliud nos docet, prout Moses ait: *In principio creavit Deus coelum, et terram.* Ioan. 1: *Omnia per ipsum facta sunt.* Pari ratione de logica fidei sentiendum, illa excedit logicam naturalem. Licet itaque illa sit vera: *Hic generat* (ostendendo patrem per syllogismum expositorium), et illa: *Et hic est essentia divina*; conclusio tamen, quae est *Ergo essentia divina generat*, non/ conceditur. Quia ex professo theologia repugnat maximae syllogismi expositorii, quae haec est: Quaecunque sunt eadem uni tertio, illa inter se sunt eadem. Sed illa maxima in theologia non subsistit. Quoniam licet pater et filius sint idem uni tertio, id est essentiae divinae, ipsi tamen inter se non sunt idem. Alius est enim pater, alius filius. Praeterea notandum: ad salvandos syllogismos sive in terminis communibus sive propriis non sufficit distributio incompleta vel completa. Quare in illa propositione (*Nulla essentia generat*) si est distributio incompleta est vera. Si vero est distributio completa, hoc est, si tantum valet, *Nulla res quae essentia est generat*, falsa est. Pater enim, qui essentia est divina, generat. Item: *Omnis pater generat.* Si est distributio completa, id est omnis res quae pater est generat, falsa est. Essentia enim patris non generat. Si vero est distributio incompleta, vera est.

---

4   Denz. 804.
10   *De trin.*, L. VI, c. 22-23 (PL 196, 986-989).
14-15   Holcot, *Sent.*, L. I, q. 5 J.
17-18   *Gen.* 1, 1.
18   *Ioan.* 1, 3.

Quicunque syllogismus infert falsum, debemus eum credere paralogismum esse, etiamsi appareant praemissae verae. Sed haec optima antiquorum via est et qua omnes paralogismi ea de re facile dilui possunt. Duplex est praedicatio, identica et formalis, hinc regula est: / Non est transitus a praedicatione identica ad formalem. *Essentia est generans:* distinguenda est. Porro si est praedicatio identica vera est, ut scilicet essentia sit res illa, pater inquam, quae generat. Si vero formalis praedicatio est falsa est. Item *generans*, quando est nomen substantivum captum pro *genitore*, patre, sic vera est illa: *Essentia est generans*, id est pater seu genitor. Quando vero adiective et participialiter sumitur, falsissima est. Quare:

> *Pater generat,* vera est.
> *Omnis autem pater est essentia divina,* vera est.
> *Ergo essentia divina generat,* falsa est.

Et consequentia negatur, quia non est transitus a praedicatione identica ad formalem. Est certe mala consequentia quando plus assumitur in consequente quam sit in antecedente.

An filius sit de substantia patris? Breviter omnes Doctores concedunt quod sic, ex eo Christi verbo probantes: *Quod dedit mihi pater maius omnibus est.* Sed quaestio iam est quomodo filius sit de substantia patris, cum habeat eandem substantiam cum patre. Dicas: Pater communicat filio essentiam suam in numero. Hoc in creaturis non ita est, cum pater et filius in creaturis realiter distinguantur et substantialiter.

Theorica Boetii: *Infinitas identificat sibi omnia.*

Modus docendi sequitur naturam Dei.

1. Infinita itaque Dei essentia est ceu pelagus aliquod infinitum, unde emanant omnia quae in coelo sunt et in terra.

2. Ex regula autem illa Boetiana, essentia illa Dei infinita perfectiones habet infinitas, bonitatem infinitam, potentiam infinitam, veritatem infinitam et caetera.

3. Proveniunt ex illo essentiae Dei pelago productiones ad intra, quae sunt generatio et spiratio, et passiones correspondentes.

4. Proveniunt relationes, quae ex natura rei sequuntur productiones.

27ff. 1, 2 etc. *marg.*

19-20   *Ioan.* 10, 29*.
25   Cf. *De trin.*, L. I, c. 6, n. 8 (PL 64, 1253).

5. Productiones ad extra, ut gubernatio totius universi, perfectiones appellantur *essentialia*. Productiones ad intra *personalia* et quando notificant dicuntur etiam *notionalia*. Essentialia omnia ex natura rei sunt priora personalibus et relationibus.

Regula: Relationes ut huiusmodi non sunt perfectiones nisi ut identificae. Cum itaque quaeritur: Si Deus generat Deum, an generatio sit perfectionis vel imperfectionis, quod si dicatur quod sit imperfectionis ergo filius erit imperfectus; dicendum quod non sit perfectionis formalis sed tantum identificae. Quia ex regula, *Infinitas identificat sibi omnia*.

9-10   Cf. Boeth., *De trin.*, L. I, c. 6, n. 8 (PL 64, 1253).

[DISTINCTIO 6]

195ʳ An Deus genuerit Deum voluntate? Propositio illa habet duplicem sensum. Nam ablativus (*voluntate*) potest dicere principium productivum ut quo, id est voluntatem faecundam, qua spiritussanctus spiratur. Sic est falsa, quia pater generat filium memoria faecunda non voluntate huiusmodi. Obiter hic notandum duo esse principia productiva in natura rei: intellectum scilicet paternum cum obiecto sibi praesenti, id est essentia divina, qui productivus est verbi; et voluntatem faecundam quae producit amorem, nihil enim amatum nisi volitum. Sed si *voluntate* accipitur pro voluntate essentiali quae communis est tribus personis, ut idem sit quod voluntarie vel volens et dicat volitionem essentialem, tunc vera est.

Theorica Boetii: *In divinis omnia sunt eadem ubi non obviat relationis oppositio*. Ita pater et filius sunt eadem realiter. Generatio vero et filiatio faciunt distinctionem realem in divinis.

Agere praesupponit esse. Ergo velle patris praesupponit generare. Volitio enim et intellectio Dei operationes sunt. Verum est, dicas. Agere praesupponit esse; esse inquam essentiae, sed non esse hypostaticum, id est personale.

195ᵛ Quis sit terminus formalis generationis? Terminus formalis est qui accipit esse secundum se et secundum quodlibet sui, et est terminus quo. Terminus totalis est terminus quod. Terminus itaque formalis divinae generationis est ipse filius. Sed Scotus dicit quod sit essentia divina. Terminus autem formalis hoc modo consyderari potest dupliciter: primo secundum sui communicationem, sic est essentia divina; secundo secundum id quod accipit esse et sic est persona. Proinde opinio prima dicit quod filius sit terminus formalis generationis divinae, quia accipit esse; secunda vero quod essentia divina sit terminus ille, quia dat esse et personae communicat.

Sed cum obiicitur, Essentia divina est principium generationis, ergo non terminus; sed de hoc statim infra.

Praeterea notandum primo quod termini quibus utimur in materia trinitatis aliqui sunt essentiales, aliqui personales vel notionales. Secundo, illa habent se per ordinem personae, relationes, et notiones in divinis. Tertio, tres sunt personae, pater, filius, et spiritus-

---

17 Volitio enim ... operationes sunt *marg*.

13-14 A possible reference to Boethius, *De trin.*, L. VI (PL 64, 1254-1255); but see Anselm, *De process. spiritus sancti*, c. 1 (Schmitt, Tom. I/II, 181.2-4).
23-24 *Op. Ox.*, L. I, d. vii, q. un., n. 5 (Vivès, 9, 527).

[DISTINCTIO 6]

sanctus. Et quatuor sunt relationes et quinque notiones. In tribus (inquam) personis ponimus quatuor relationes, quia relativum quodlibet habet suum correlativum. Ut generatio activa, quae est in patre, habet generationem passivam, quae est in filio, ita spiratio
5 activa, quae in patre et filio est, habet spirationem passivam, quae est spiritussanctus qui spiratur; et hae sunt 4 relationes. Dicuntur /
196ʳ etiam proprietates personales. Notiones sunt quinque, quatuor affirmativae. Generatio activa notificat nobis patrem, generatio passiva filium. Spiratio activa notificat patrem et filium, spiratio passiva
10 spiritumsanctum. Et quinta innascibilitas seu ingenitum, quae notificat patrem solum, ille enim ingenitus est.

Item notandum, licet proprie in divinis nulla sit constitutio, tamen secundum nostrum modum intelligendi personae dicuntur constitutae vel quasi constitutae ex essentia et relatione seu proprietate
15 personali. Ita pater constituitur ex essentia et paternitate, filius ex essentia et filiatione. Item persona ex hiis constituitur non ut ex actu et potentia. Sed essentia est actus quidditativus, et relatio actus personalis. Et quia ex priori theorica, *Infinitas identificat sibi omnia*, sic recte paternitas est essentia, pari modo et filiatio et caetera.

---

18 Cf. Boeth., *De trin.*, L. I, c. 6, n. 8 (PL 64, 1253).

[DISTINCTIO 7:] DE POTENTIA GENERANDI

1. Potentia generandi est in divinis. 2. Potentia generandi est aliquid absolutum in Deo. 3. Potentia generandi est communis tribus personis, ut enim pater habet potentiam generandi, ita filius ita et spiritussanctus. 4. Licet filius habeat potentiam generandi, tamen non potest generare. Quoniam potentia generandi est in memoria faecunda, quam filius una cum patre habet, quare et eam generandi potentiam habet. Sed non potest generare quia potentia productiva patris habet sibi obiectum productivum adaequatum.

196ᵛ   Item aliud est posse producere seu generare, et aliud habere potentiam producendi seu generandi. Posse producere respicit terminum, potentia producendi respicit principium. Sic pater habet potentiam producendi, sic filius, sic et spiritussanctus. Sed filius non potest et caetera, quia potentia producendi in patre habet productum sibi adaequatum et caetera.

Item posse generare non est perfectio simpliciter, nec etiam imperfectio. Sed potentia generandi est perfectio simpliciter. Triplex est perfectio, una perfectio simpliciter, una secundum quid, et una perfectio supplens imperfectionem. Perfectio simpliciter, ut melius est esse quam non esse, vivere, intelligere, et caetera. Secundum quid est in determinata specie, ut asinus 4 pedes habens, longas aures et caetera; homo compositus ex anima et corpore. Perfectio supplens imperfectionem est generatio in creaturis, ut generare sibi simile. Pater in creaturis non potest filio suo communicare naturam suam. Haec est imperfectio, sed quod generat sibi simile perfectionis est quae scilicet priorem imperfectionem supplet.

Item intellectus paternus non est sufficiens principium producendi filium. Sed is una cum obiecto sibi presente, id est divina essentia, quae memoria faecunda dicitur, demum sufficiens producendi principium est.

Quare sequitur quod essentia principiat filium sub ratione obiecti, sed potentia producendi principiat filium sub ratione intellectus.

Cum itaque pater generat filium, quare de generandi potentia hucusque dixisse sufficiat, hoc unico addito: Quo pater generet filium? Si quaeritur formaliter, dicas generatione activa. Si vero de principio, dicas memoria faecunda.

197ʳ   Nunc ad simplicitatem Dei et immutabilitatem veniamus, de qua Magister agit in distinctione octava.

---

26 supplet *scripsi*; suplet.

DISTINCTIO OCTAVA

Deus est simpliciter simplex vel summe simplex vel Deus est purissimus actus. Arcanum autem hoc divinae simplicitatis hoc modo intelligas. 1. Deus non est compositus ex materia et forma, ergo vere simplex. 2. Deus non est compositus ex substantia et accidente. Revoces in memoriam quae supra diximus de compositione, quae duplex esse solet, ex hiis et cum hiis. Homo componitur ex hiis, corpore scilicet et anima. Anima licet non componatur ex hiis est tamen componibilis cum hiis, id est accidentibus, et etiam cum corpore. Item angelus licet non componatur cum corpore est tamen componibilis cum accidentibus. Quare neque ipse neque anima simpliciter simplex est. 3. Deus non est compositus ex partibus quantitativis vel integralibus; cum itaque in scriptura saepius legimus, *Manus domini tetigit me* et similia, metaphorice sunt intelligenda. 4. Deus non est compositus ex differentia et genere. 5. Deus non est compositus ex actu et potentia.

Potentiarum alia est obiectiva; ita pomum antequam nascitur est in potentia obiectiva, antichristus est in potentia illa. Alia est subiectiva; ita accidens est in potentia essendi in subiecto. Et hae potentiae distinguuntur contra actum, quare in divinis non sunt. Est itaque potentia tertia activa vel productiva, et ea est in divinis, quae non distinguitur contra actum. Deus enim est actus purissimus, id quod nulli creaturae competere solet.

6. Non debet in divinis consyderari essentia ut potentia, et relatio ut actus, quia utrumque est actus. Potentia enim est actus quidditativus seu essentialis, relatio vero actus personalis. 7. Relationes continentur identice in essentia divina, iuxta theoricam illam: *infinitas omnia sibi identificat*.

De Esse Dei

Licet creatura habeat verum esse essentiale, tamen solus Deus dicitur vere et proprie esse. Habet enim a se et ex se esse. Creaturae vero habent ex Deo, et per participationem seu communicationem. Quare solus Deus est vere et proprie. Creaturae non habent esse ex se sed a Deo participative. Hinc et simili ratione dixit Christus: *Nemo bonus est nisi solus Deus.* Sed quomodo dixit Moses: *Vidit Deus*

---

14   *Dan.* 10, 10.
27-28   Cf. Boeth., *De trin.*, L. I, c. 6, n. 8 (PL 64, 1253).
35   *Luc.* 18, 19*; cf. *Marc.* 10, 18.
35-40.1   *Gen.* 1, 31.

cuncta quae fecerat, et erant valde bona? Dicas, sicuti de esse Dei et essentia, ita de eius bonitate, ita veritate, ita de aliis omnibus. Quare Richardus dicit quod omnis creatura sit accidens; quia illud esse quod habet non habet ex se perpetuum, sed ex Deo. Hinc et esse creaturae est esse dependens, et propterea appellaverunt illud patres accidens. Ex hoc facile intelligitur quod dixit Deus: *Ego sum qui sum*; item illud: *Qui est misit me ad vos*. Deus nominavit se ab esse suo. De ea re plura Eccius in homiliario suo, Dominica in quadragesima. Item omne esse creaturae est componibile vel potentiale, ergo non est purissimum esse.

Corollarium: Deus est purissimus actus, nec est compositus nec componibilis. Persona est aeque simplex ut natura divina, quia nec est composita nec componibilis. Doctores admittunt quidem constitutionem vel quasi constitutionem personarum ex essentia scilicet divina et relatione, non tamen compositionem, quae opponitur simplicitati; non autem constitutio vel pluralitas, ut supra meminimus.

De Distinctione

[1.] Nomina quae ex sui ratione important distinctionem naturae vel essentialem non admittuntur in divinis. Ut sunt caussa, diversitas, differentia, divisio, discretio, separatio, disparitas, multiplicitas, et alienum, et aliud in neutro genere. Deus non est caussa filii quia inter caussam et effectum est distinctio naturalis. Cum vero Hylarius dixerit eum esse caussam filii, minus proprie locutus est et accepit caussam pro principio, inter principium enim et principiatum non est distinctio essentialis. Pari ratione pater non est diversus a filio, non differt ab eo, non divisus, non discretus, non separatus, non dispar, non aliud. Est quidem alius, non autem aliud, quia aliud in neutro genere importat essentialem distinctionem. Quare non est aliud nisi restringatur, quoniam bene dicere possumus, pater est aliud suppositum a filio. Proinde errant valde Grammatici improprie loquentes de divinis et dicentes filium esse factum a patre, nihil

---

8 lacuna in ms.

---

3 Not located.
6-7 *Exod.* 3, 14.
8 *Christenliche Ausslegung der Evangelien, von der zeit durch das ganz Jar, nach gemainem verstand der Kirchen und Heiligen Vatter von der selbigen angenommen* (Ingolstat, 1553), Am fünfften Sontag in der Fasten, cxviii^r.
13 E.g. Thomas, *Sent.*, L. I, d. viii, q. 4, a. 1 ad 3.
22 But see *De Trin.*, L. X, c. 13 (PL 10, 106), where Hilary calls this an Arian opinion.

198ᵛ discriminis / arbitrantes esse inter gignere et facere, cum inter factorem et factum sit distinctio essentialis.

2. Omnia quae repugnant pluralitati personarum non admittuntur in divinis. Ut superior propositio est contra Arrium, qui dicebat
5 filium esse essentialiter distinctum a patre, ita haec est contra Sabellium haereticum, qui negabat pluralitatem personarum in divinis. Quare non admittitur quod Deus sit unicus, solus, singularis, solitarius, et caetera, sic enim excluderetur trinitas personarum. Cameracensis hic invehitur in praelatos et Ecclesiarum episcopos qui
10 sacrosancto theologiae studio et superbenedictae trinitatis arcano neglecto, rebus dumtaxat incumbunt saecularibus et caetera.

Diximus itaque quod simplicitas non opponatur distinctioni sed compositioni. Porro distinctio admittitur in divinis, pater enim distinctus est a filio et spiritusancto, filius a patre et spiritusancto
15 et caetera; non divisus, non diversus, ut dictum est. Sed plures sunt species distinctionis, de quibus iam dicendum.

Distinctio reperitur quadruplex in omni scientia et scibili. Prima est distinctio rationis; secunda est distinctio formalis seu ex natura rei; tertia est distinctio realis; et quarta est distinctio essentialis,
20 et hae quatuor nobis sufficient ad resolutionem multorum dubiorum.
199ʳ Prima est rationis, quam communiter Iuniores improbant, quemadmodum inibi Durandus improbat suum Thomam. Sed ea bipharie contingere potest, uno modo ex parte rei rationantis, alio modo ex parte rei rationabilis. Ex parte rei rationantis, id est intellectus seu
25 intelligentiae, qualis est distinctio inter concretum et abstractum, inter hominem et humanitatem, Deum et deitatem; in re enim idem sunt et differunt tantum ratione ex parte intellectus. Ita pari ratione hoc nostro tempore solatium quo et fontaneum celebramus, illa duo idem sunt re ipsa, utrobique enim perciunt ingenia, differunt
30 tamen ratione. Alia est distinctio rationis ex parte rei rationabilis, quando scilicet in re et obiecto ipso sunt diversae rationes. Et haec distinctio ita vocatur a Thoma et nulla alia est quam quae a Scoto dicitur distinctio formalis, ab aliis distinctio ex natura rei. Ita in Petro quando dicitur quod sit homo, item quod sit rationalis, est distinctio
35 illa rationis seu ex natura rei, in re enim sunt diversae rationes. Homo enim dicitur ab humanitate, rationalis ab anima rationali.

8-11   *Sent.*, L. I, q. 5, a. 3 (fo. ciᵛ B).
22   But see Durandus, *In Petri Lombardi Sententias Theologicas Commentariorum libri IIII*, L. I, d. ii, q. 2, n. 15 (p. 18ᵛ).
32   *Rep.*, L. I, d. xlv, q. 1, 2 (Vivès 22, 499-507).

Secunda itaque distinctio est formalis seu ex natura rei, omnino una et eadem quam diximus rationis ex parte rei rationabilis. Exempli gratia, in lacte est albedo, est et dulcedo. Licet itaque albedo et dulcedo in lacte sint una res et in una re, tamen ex natura rei sunt distinctae formalitates seu realitates. Ita pari modo in nobis quidem distinctio est inter volitionem et intellectionem, in divinis vero eadem est res volitio et intellectus. Tamen ex natura rei alia res etiam in divinis est volitio quam sit intellectus. Deus enim intelligit peccata sed non vult eadem. Est itaque inter illas distinctio non realis nec essentialis, sed formalis, quam Scotus vocat, vel ex natura rei. Et ut ea distinctio poneretur in divinis coegit Doctores contradictio; pater enim gignit filium intellectu, non voluntate, quare opus est ut intellectus et voluntas distinguantur, formaliter scilicet.

Item in illa distinctione aliqua distinguuntur non ut res et res, sed ut quidditates et quidditates seu realitates ut Iuniores loquuntur, seu formalitates ut Scotus. Et est media inter distinctionem rationis et realem. Thomas appellat eam rationis ex parte rei rationabilis.

Tertia distinctio est realis, quae est inter rem et rem, eiusmodi est inter patrem et filium, item filium et spiritumsanctum. Pater enim distinguitur a filio realiter et caetera.

Quarta est essentialis, quae non est rationis nec ex natura rei, nec quae est inter rem et rem, sed quae res inter se habent distinctas essentias, ut subiectum et accidens. Ita quaecunque creaturae distinguuntur essentialiter, ita Deus a creatura distinguitur essentialiter. Iuniores addunt adhuc aliam distinctionem formalem, sed aliter quam quae a Scoto formalis dicitur. Et est quando una res est tres res. Ut inter deitatem, patrem, et filium ponunt illam distinctionem, illa enim (dicunt) distinguuntur non essentialiter nec realiter, sed formaliter. Et coguntur hoc facere propter oppositionem contradictoriam, persona enim est incommunicabilis, essentia vero communicabilis, et caetera.

Dubium: An attributa divina inter se distinguantur? Attributa sunt perfectiones in Deo repertae. Dionysius *De Divinis Nominibus* ait: Quascunque perfectiones reperimus in creaturis per viam

---

10   *Rep.*, L. I, d. xlv, q. 1, 2 (Vivès 22, 499-507).
16-17   *Rep.*, L. II, d. xii, q. 8, n. 8 (Vivès 23, 39-40).
18   Thomas, *Summa theol.*, P. I, q. 28, a. 3 *in corpore*.
26-32   Occam, *Sent.*, L. I, d. ii, q. 11 E; Biel, *Collect.*, L. I, d. ii, q. 11, a. 1 B, C; Cam., *Sent.*, L. I, q. 5, a. 1 (fo. cvii A).
34-43.2   *De div. nom.*, c. vii (PG 3, 871A; PL 122, 1155B).

eminentiae nos tribuimus creatori, et quia Deo tribuuntur hinc
attributa divina appellantur. Verbi gratia, esse in homine est perfectio,
sed eminentius hoc in Deo reperitur. Ipse enim est solus (ut diximus),
est vere et proprie; ita vivere in homine perfectio est, perfectius
5 tamen et excellentius in Deo, qui vera vita est. Ita de aliis dicendum,
de sapientia, potentia, veritate, et caetera.

    Attributa sunt duplicia: aliqua perficiunt essentiam in primo esse
seu actu; aliqua vero perficiunt essentiam in actu secundo. Ex tertio
libro *De Anima* habetur quid sit actus primus et secundus. Intellec-
10 tus et intelligere seu intellectio duo sunt, et haec ambo in Deo
reperiuntur. Intellectus respicit actum primum, intelligere seu
intellectio actum secundum. Nunc ad propositum de distinctione
attributorum. Primo itaque dicas quod simplicitas divina admittat
distinctionem rationis quia illa nullam caussat diversitatem in re.

15   Propositio [1:] Inter perfectiones divinas et ipsam essentiam
divinam est distinctio ex natura rei, vel distinctio formalis, vel
distinctio rationis ex parte rei rationabilis. Intellectus et voluntas
sunt idem et unum in Deo realiter et essentialiter, tamen quia ex
natura rei alia ratio est intellectus, alia voluntatis, ideo distinguuntur
20 formaliter seu ex natura rei. Ratio: productiones duae, generatio
scilicet et spiratio differunt ex natura rei, ergo etiam illarum productionum principia, quae sunt intellectus et voluntas. Ex intellectu
enim paterno producitur generatio, ex voluntate spiratio. Item
Deus intelligit omnia, non tamen vult omnia quia non vult mala,
25 ergo distinguuntur inter se voluntas et intellectus.

    Hic obiter notandum quod ens et res in divinis non idem signifi-
cant. Res enim non videtur significare alietatem, quam ens importare
et denotare solet. Ens magis substantiam dicit quam personas.
Concedimus itaque in divinis esse tres entes, id est tres personas,
30 non tamen tria entia. Dicit Augustinus: *Liberis verbis utuntur philosophi,
nobis ad certam regulam loqui phas est.*

    Propositio 2: Admittitur distinctio realis inter personas et inter
relationes, eas inter se comparando; sed ad essentiam comparando
solum admittitur distinctio formalis seu ex natura rei. Pater enim,
35 filius, et spiritussanctus realiter inter se distinguuntur. Similiter
generatio activa et passiva, paternitas et filiatio, realiter distinguuntur

---

12 Nunc *scripsi*; nun.

8-9   See especially c. 6 & 7 (430^{b}25-431^{b}19).
30-31 *De civ. dei*, L. X, c. 23 (PL 41, 300; CSEL 40/1, 484.27f).

inter se. Sed haec eadem comparata ad essentiam divinam distinguuntur ab ea tantum formaliter, non realiter; quia cum iuxta regulam saepius iam dictam, *Infinitas sibi omnia identificet*, illae relationes cum essentia divina, quae infinita / est, idem sunt, quare non possunt ab ea realiter distingui sed formaliter tantum.

Item perfectiones divinae sunt formaliter infinitae. Sed relationes non sunt formaliter infinitae sed solum identice.

Propositio 3: Nulla distinctio essentialis admittitur in divinis. *Deus sapiens est*. Qualis est praedicatio? In creaturis quidem haec est praedicatio denominativa, corpus est animatum, homo est sapiens, bonus, iustus et caetera, quando praedicatum est de subiecto per modum informantis. Secus autem in divinis. Quoniam omnes perfectiones divinae praedicantur de Deo essentialiter. Quare praedicationes illae sunt quidditativae et essentiales: Deus est sapiens, bonus, iustus, verus, et caetera. Et sic (quod antea diximus) theologica logica excedit naturalem.

Item humanitas est animalitas; non admittitur in naturalibus, sed in divinis praedicationes in abstractis admittuntur. Quare recte dicitur, paternitas est essentia, filiatio et caetera, ex hac regula: Quando alterum extremorum est formaliter infinitum admittitur praedicatio, ut in praemisso exemplo, essentia enim infinita est. Quando vero neutrum extremorum infinitum non admittitur, ut paternitas est innascibilitas et caetera.

De Immutabilitate Dei

Si obiiciatur: Generatio est species mutationis, sed in divinis est generatio, ergo et mutatio; respondeas: Generatio ut transfertur ad divina non est mutatio, ex regula prius adducta: Illa quae sunt imperfectionis cum transferuntur ad Deum removenda sunt et caetera. Divus Paulus: *Deus qui solus habet immortalitatem*. Exponit Augustinus, *Qui solus habet immutabilitatem*. Sicut enim Deus solus est simplex, imo simplicissimus, ita solus est immutabilis. Omnis autem creatura mutabilis, omne enim creatum mutabile est eo quod compositum. Deus autem quia incompositus est et incomponibilis, propterea immutabilis.

---

3   Boeth., *De trin*. L. I, c. 6, n. 8 (PL 64, 1253).
15-16   Holcot, *Sent.*, L, I, q, 5 J,
29   I *Tim*. 6, 16.
30   *De trin*., L. I, c. 1, 2 (PL 42, 821 f.; BA 15, 90); cf. *Octog. trium quaest.*, q. xix (PL 40, 15).

Regula: Deus nihil vult ex tempore, sed quicquid vult voluit ab aeterno. Quando ergo Deus creavit mundum, non tunc voluit creare mundum sed ab aeterno voluit.

Nec valet haec obiectio: Deus fit creator, *fit* dicit mutationem, ergo Deus mutatur. Quoniam *fit* non dicit mutationem factam in Deo sed magis mutationem factam in creaturis. Pari modo respondendum ad has et similes obiectiones: Deus est in coelo, Deus ante creationem mundi non fuit in coelo.

---

5 non *scripsi*; ni.

DISTINCTIO NONA
Utrum Generatio Filii sit Aeterna?

Conclusio certa est quod sic. Augustinus inquit: *Philosophis non debet videri absurdum quod filius Dei aeternus sit*. Nam hoc ex creaturis demonstrari potest. Nonne radius solis est coaevus ipsi soli? Et si sol fuisset aeternus certe et radius eius aeternus fuisset, alioqui aliquo tempore sol fuisset absque radio, quod est impossibile. Item si pes ab aeterno stetisset in pulvere nonne vestigium pedis illius aeternum fuisset? Proinde si hoc verum est in creaturis inter caussam et caussatum, quanto magis inter producens et productum ubi non est tanta distinctio realis scilicet tantum non essentialis.

Aeternitas, Boetio autore, *est interminabilis vitae tota simul et perfecta possessio*. Ante diffinitionis huius declarationem sciendum quod *aeternum* quadrupliciter accipiatur. Primo propriissime, quod est sine principio et sine fine, et sic solus Deus est aeternus. Secundo proprie, quod nullo tempore finitur, ita coelum est aeternum, angeli, quia non mensurantur tempore seu aevo. Tertio aeternum dicitur quod nullum habet finem, ita anima intellectiva est aeterna non quod praecesserit tempus, quia in tempore est creata, sed quia nullum habet finem, ita beatitudo quoque aeterna est. Quarto aeternum dicitur conditionaliter pro longo tempore, vel dicitur / aeternum secundum successionem vel secundum optationem, et similes modos quos in scriptura saepius reperire est. Ut *Vivat rex inaeternum*, id est longo tempore; ita circumcisio dicitur data in signum sempiternum. In Hebraeo est *Holam*, quod aequivocum est ad aeternitatem, perpetuitatem, seculum, et longum tempus, quod tamen interpres semper fere transtulit *aeternum*.

Differunt tamen aeternum, aevum, et tempus. Aeternum enim (ut diximus) est quod caret terminis, id est principio et fine, et sic soli Deo aeternitas convenit. Aevum autem proprie idem est quod spatium, vel seculum, vel tempus, quod cum mundo cepit esse; convenit autem angelis et mundo. Sunt autem (ut Albertus Magnus scribit) quatuor coaeva: materia prima, tempus, angeli, et coelum, illae enim coeperunt simul esse. Tempus est numerus motus secundum

---

25 Hebraeo *scripsi*; habreo.

3-7 Cf. *Ep. clxx ad Maximum*, c. 4 (PL 33, 749; CSEL 44, 624-5).
12-13 *De consol.*, L. V, prosa 6 (PL 63, 858).
32-34 Albertus, *De quatuor coaevis* (*Opera Omnia*, ed. Borgnet, Paris, 1895, Tom. 34, pp. 307-761).

prius et posterius. Hinc temporale dicitur quod a certo tempore incipit et usque ad certum tempus durat, sicut sunt hominum facta et bruta animalia. Et est tempus proprie rerum generabilium et corruptibilium. Nunc ad diffinitionem. Primo dicit *aeternitas est*
5 *interminabilis vitae*, id est sine terminis, hoc est principio et fine. Dicit itaque aeternitas non positionem sed negationem, quare non est perfectio divina seu attributum divinum, non enim dicit rem sed modum rei. Item perfectiones divinae reperiuntur in creaturis et excellenti modo in Deo, sed aeternitas in creaturis non reperitur,
203ʳ quare perfectio divina esse nequit. / Dicitur ultra *tota simul* et *perfecta possessio*, quae clausula excludit omnem successionem.

Item: Sicut tempus habet sua instantia, ut declarat Aristoteles 6 *Physicorum*, continuatur enim tempus per instantia sua; ita quoque aeternitas habet sua instantia. *Ego hodie genui te* non dicit praesens
15 tempus, id est hoc die, sed instans aeternitatis.

Porro cum dictiones temporis attribuuntur Deo non significant tempus sed aeternitatem seu instans aeternitatis, ut *hodie*, *nunc*, *anni*, *dies*, et caetera significant aeternitatem Dei. Instans aeternitatis idem est quod aeternitas, differunt sola ratione. Non solum illa est
20 vera: *Deus generat*; sed etiam illae, *Deus genuit*, et *Deus generabit*. Hinc Augustinus: *Filius est genitus a patre et nascitur et nascetur inaeternum*. Sicuti radius solis qui progreditur a sole progressus et progredietur; licet non sit adeo simile. Radius enim solis differt a sole essentialiter, non sic in divinis, ubi gignentis et geniti est eadem
25 substantia. Quantus itaque Deus genitus sit, nascatur, et nascetur inaeternum, tamen apud eum non est praesens, praeteritum, vel futurum. Hinc bene notanda est haec regula: Verba cuiuscunque temporis dicuntur de Deo (ad intra) et significant aeternitatem et consignificant ipsum tempus. Ut *Deus praedestinat*, *Deus praedestinavit*, et
30 *Deus praedestinabit*.

203ᵛ Dubium de principio: Cum pater est principium filii, quomodo ergo filius est aeternus cum habeat principium, patrem scilicet? Ad hoc notandum quod nomina quae transferuntur ad divina aliquando accipiuntur essentialiter, aliquando personaliter seu notionaliter.
35 Sic principium est essentiale seu initiale, et principium notionale seu originale. Principium essentiale in divinis est commune tribus personis (Omnia enim essentialia sunt communia personis tribus),

---

12-13 c. 1 (232ᵃ19).
14 *Psa.* 2, 7.
21-22 Cf. *De trin.*, L. VI, c. 1 (PL 42, 923).

licet approprietur filio. Sic Deus est principium omnis creaturae essentiale (inquam). Hoc modo pater non est principium filii. Secundo principium accipitur personaliter seu notionaliter; sic pater est principium filii, dein pater et filius est principium spiritussancti. Quare hic:
5 *In principio erat verbum*, et caetera: *Principium* accipitur notionaliter, id est in patre. *Gen.* vero 1: *In principio creavit Deus coelum et terram* accipitur essentialiter, quod licet sit commune tribus personis, appropriatur tamen filio. Quare exponitur sic, *In principio*, id est in filio. Habere itaque huiusmodi principium, id est personale, non repugnat
10 aeternitati filii.

Boetius in libro *De Consol. Phil.* ponit symbolum aeternitatis baculum in fluvio, quod in ∞ videre potes.

204ʳ ## De Prioritate in Divinis

Ubi sunt prius et posterius, ibi non sunt coeterna, cum autem
15 pater prior sit filio, quomodo filius erit illi coeternus? Responsio: Si loqueremur de prioritate et posteritate temporis verum esset, ita enim in creaturis est quod pater prior est filio prioritate temporis. Secus in divinis ubi non est eiusmodi prioritas sed est prius secundum productionem, contra modum nostrum intelligendi. Quare
20 diligenter notandum est quod essentia divina est ceu pelagus quoddam infinitum, et ex illo pelago divinae essentiae profluunt et emanant omnia essentialia ad intra, potentia Dei, bonitas, sapientia, veritas et caetera. Secundo emanant notionalia, generatio, spiratio, intellectus personalis, voluntas personalis et caetera. Tertio ea quae
25 sunt ad extra, ut creaturae. Et hic est ordo in divinis.

Ordo in Divinis

Essentialia sunt priora personalibus, personalia creaturis. Intellectus itaque essentialis, qui communis est tribus personis, prior est intellectu notionali, quo Deus pater filium producit. Ita voluntas essen-
30 tialis prior est voluntate personali, qua spiritussanctus producitur.

---

28   qui *scripsi*; quae.

---

5   *Ioan.* 1, 1.
6   *Gen.* 1, 1.
11-12 Not located in Boethius. In his sermon for the fifth Sunday of Lent (*Christenliche Ausslegung der Evangelien, von der zeit durch das ganz Jar, nach gemainem verstand der Kirchen unnd Heiligen Vatter von der selbigen angenommen*, Ingolstat, 1553, cxviiᵛf.), Eck again uses this image ("pfal in wasser") and ascribes it to Boethius.

De Signis

Diximus antea, sicuti physici habent sua instantia temporis, ita etiam intelligendum est de instantibus aeternitatis, quod scilicet aeternitas habeat instantia sua. Et dicuntur instantia vel signa / naturae, aut si malis, originis. Per exempla res facilis est, per artem difficilis.

In divinis itaque ponuntur duo instantia naturae: primo quando comparatur potentia divina ad primum eius obiectum, secundum quando ea comparatur ad obiecta secundaria. Deus habet pro obiecto primario essentiam suam. Quemadmodum Iohannes est beatus quia habet obiectum beatificum, id est essentiam divinam, consistit enim beatitudo in visione, tentione, et fruitione divinae essentiae. Ita et Deus est beatus, imo summe beatus, quia habet obiectum sibi semper praesens, id est essentiam suam. Quando itaque divina voluntas vel intellectus ut potentiae productivae comparantur ad essentiam est primum instans. Quando vero comparatur ad obiecta secundaria ut coelum et terram est secundum instans. Hinc dicunt Doctores quod Deus habeat noticiam superintuitivam, quia primo intellectus divinus videt essentiam suam ut praesens sibi obiectum, secundo super hoc etiam creaturas.

Beati omnia vident in verbo. Gregorius: *Quid non vident videntes videntem omnia?*

Ergo Deus in primo instanti naturae intelligit seipsum, diligit seipsum, essentiam suam, perfectiones suas, et caetera. In secundo instanti intelligit creaturas.

Deinde instans naturae primum subdividitur adhuc in duo signa. In primo signo comparatur potentia intellectiva ad essentiam divinam; in secundo comparatur voluntas divina ad essentiam suam. In primo itaque signo Deus intelligit se, in secundo vult, id est diligit se, nihil enim volitum nisi amatum. / Ex natura itaque rei intellectus prior est voluntate, et haec duo sunt signa.

Praeterea in primo signo, quo comparatur intellectus ad essentiam suam, reperiuntur adhuc alia duo signa. Quia comparando intellectum divinum ad essentiam potest fieri et comparari vel ut operans vel ut producens. Ut operans, qui sic communis est tribus personis, est primum signum primi signi instantis naturae. Ut producens est signum secundum primi signi. Intellectio itaque divina essentialis,

---

2 habent *superscr.*
12 et *scripsi*; est.

20-21 *Dial.*, L. IV, c. 33** (PL 77, 376).

quae et operans dicitur, prior est intellectu producente, id est dictione, qua Deus pater producit, gignit, et dicit filium. Hoc est intellectus essentialis prior est intellectu personali. Et quod dictum est de intellectu hoc quoque intelligas de voluntate, quae pari modo essentialis est et personalis. Essentialis, quae et operans, prior est personali seu notionali.

Haec omnia eo tendunt ut videatur ordo in divinis. Intellectio itaque divina essentialis prior est dictione qua Deus dicit, id est producit seu gignit filium.

Ut autem intellectus divinus essentialis prior est personali, ita voluntas operans et essentialis prior est voluntate personali seu notionali.

[DISTINCTIO 10:] DE PRODUCTIONE SEU PROCESSIONE SPIRITUSSANCTI

Spiritus accipitur hoc loco personaliter seu notionaliter pro tertia persona in divinis.

5 De illa itaque spiritussancti processione pro modulo capacitatis humanae et quantum nobis sacra scriptura, sancta concilia, atque 205ᵛ sancti patres tradiderunt disseramus. / Quemadmodum Arrius fuit singularis hostis filii, ita Macedonius spiritussancti. At veritas victrix obtinuit contra ipsum spiritumsanctum esse Deum verum.

10 Item spiritussanctus non generatur sed dicitur procedere tam a patre quam in filio.

Productio itaque terminus est communis tam ad productionem filii quam spiritussancti.

Conclusio Catholica

15 Spiritussanctus producitur a patre et filio libere per modum voluntatis. Explicemus eam conclusionem primo ex ratione imaginis, de qua antea satis multa diximus. Paulus ait: *Invisibilia Dei per ea quae facta sunt intellecta conspiciuntur*. Spiritussanctus invisibilis est et is apte per ea quae sunt in nobis, ut est imago animae, intelligi 20 potest. Homo enim imago Dei, imo totius trinitatis est. Consistit autem imago Dei in substantia seu essentia animae et duobus eius actibus, vel secundum antiquiores duabus potentiis, intellectus scilicet et voluntatis. Proinde animae substantia commonstrat nobis patrem, intellectus filium, voluntas seu velle spiritumsanctum. Et 25 haec est ratio imaginis.

Item in Deo sunt duo principia productiva, intellectus scilicet et voluntas. Omnis autem intellectus ex sui natura potentia productiva est; intellectus angelicus producit intellectionem, humanus producit notiones. Sic quoque intellectus divinus producit verbum, id est 30 filium, voluntas amorem, id est spiritumsanctum. Item principium spiritussancti *quod* est pater et filius. Sed principium *quo* est voluntas 206ʳ faecunda, ea enim pater et filius producunt spiritumsanctum. / Dubium: Cum pater in divinis habeat filium, pater item et filius habeant spiritumsanctum, spiritussanctus autem nullam habeat personam a 35 se productam; posset alicui videri spiritumsanctum imperfectiorem esse quodammodo patre et filio, utpote qui nullam de se produceret

---

17-18 *Rom.* 1, 20.

personam. Sed responsio facilis est. Licet spiritussanctus nullam de se producat personam, non tamen propterea imperfectior iudicandus est caeteris personis. Habet enim eandem generandi et spirandi potentiam quam pater et filius, sed quod non producat, hoc est generet vel spiret, ratio est non imperfectionis sed quia potentiae productivae habent producta sibi adaequata. Et ideo ex necessitate rei et rationis non possunt esse nisi tres personae in divinis.

Obiectio contra Rationem Imaginis

Diceres, non placet ratio imaginis quam iam deduxisti quaque iam declarasti spiritussancti processionem, propterea quod imago non omnino respondet imagato. Nam voluntas in imagine, id est homine, quae producit volitionem est accidens, sed spiritussanctus, qui producitur per voluntatem faecundam, non est accidens, et ita imago deficit ab imagato. Respondeas: Fatemur hoc ingenue, id quod et distinctione 4 fecimus, quia non est tanta similitudo in imagine quin maior sit dissimilitudo. Ratio autem huius dissimilitudinis est quia voluntas humana finita est et limitata, quare non potest dare volitioni suae esse subsistens. Voluntas vero divina infinita est ut essentia divina quam pater et filius producendo spiritumsanctum communicant eidem, et ita dat spirituisancto esse subsistens, quare et persona dicitur quod per se subsistat. / Voluntas ergo divina infinita una cum essentia infinita tanquam obiecto sibi praesenti (per voluntatem enim faecundam, ut iam saepius repetiimus, intelligas obiectum praesens, id est essentiam divinam) producit amorem infinitum, id est spiritumsanctum (Nihil enim volitum nisi amatum), iuxta hanc divi Augustini regulam: *A cognoscente et cognito paritur noticia.*

Sicut ergo pater gignendo filium per memoriam faecundam infinitam communicat filio eandem essentiam suam, ita quoque pater et filius volendo producunt infinitum amorem, id est spiritumsanctum, et communicant eidem eandem naturam et essentiam divinam. Haec itaque ratio est cur volitio in nobis sit accidens, in divinis vero persona, quia pater et filius communicant spirituisancto eandem naturam et essentiam, quare et productum illud persona est per se subsistens.

Quod spiritussanctus non generetur Augustinus libro 5 *De*

---

15   *Supra*, p. 30. 13-21.
26-27   *De trin.*, L. IX, c. 12, n. 18* (PL 42, 970; BA 16, 108).

Trinitate: Spiritussanctus procedit a patre et filio, *non quomodo natus sed quomodo datus*. Hoc est, processio spiritussancti non est generatio sed datio, id est processio et productio voluntaria. Dare enim pertinet ad voluntatem, generare ad naturam.

5   Dicit libere per modum voluntatis. Et huius ratio est quia spiritussanctus procedit a principio quo libero, id est a voluntate, sicut enim principium filii est intellectus, ita spiritussancti est voluntas quae libera est quare et libere procedit. Tamen cum ista libertate stat necessitas producendi, et ita excluditur contingentia, quia libertas non excludit necessitatem sed coactionem. Damnati, qui sunt in continuo / odio Dei, non possunt non odire Deum et ita necessitantur ad odium illud. Contra sancti necessario sancti sunt et Deum diligunt, quia non possunt non videre essentiam divinam. Voluntas inquam damnatorum simul et beatorum potest necessitari, quia Lucifer / non potest non odire Deum, ita et sanctus Petrus non potest non diligere Deum, non potest non esse beatus. Sed huius rei duo possunt modi assignari. Primus modus est quia beatitudo totaliter est a Deo praemiante et sic beatus Petrus necessario est beatus, Deus enim dat ei fruitionem beatificam. Secundus modus est, licet anima Petri eliciat visionem illam et fruitionem essentiae divinae, tamen Deus conservat actus illos perpetuo in anima Petri et aliorum sanctorum. Primus modus non potest adaptari damnatis quia Deus non caussat odium damnatorum, sed secundus modus illis convenit, Deus enim conservat odium in damnatis ita ut non possint non odire Deum.

Quare (ad propositum) necessitati voluntas non opponitur sed coactioni.

Sed unde oritur illa necessitas in Deo? Vel quae est caussa necessitatis huius? Illa spirandi necessitas oritur ex duplici caussa. Prima, quia voluntas Dei infinita est. Secunda, quia obiectum, id est divina essentia. infinitae quoque bonitatis est. Quare et infinita voluntas divina non potest non diligere bonum infinitum et ita necessario producere. Sed creaturas ipsas Deus non diligit necessario quia non sunt infinitae bonitatis.

Ex natura itaque rei non potest aliter esse quin pater et filius spirent spiritumsanctum necessario. Quia autem in nulla creatura communicant illae duae rationes, in nulla earum certe erit necessitas

---

13-26   Voluntas inquam damnatorum ... sed coactioni *marg*. This is a long marginal note, which continues on the next page of the ms.

1-2   *De trin.*, L. V. c. 14, n. 15 (PL 42, 921; BA 15, 458).

absoluta sed tantum secundum quid. Quare absolute loquendo, Deus posset beatum Petrum, non beatum facere, posset illi subtrahere gratiam, visionem divinam posset eum omnino annihilare, comparata enim ad creaturas potentia illa finita est. Quando itaque dicitur quod Petrus necessario sit beatus, est necessitas secundum quid, non absoluta; stante enim ita voluntate divina beatitudo necessaria est.

Amor aliquando accipitur essentialiter, et sic est communis tribus personis; aliquando notionaliter, et sic notificat tantum spiritumsanctum.

Voluntas diversis modis principium est spiritussancti et creaturarum. Voluntas divina ad intra est principium spiritussancti. Voluntas vero ad extra vel contingens est principium creaturarum. Quod autem voluntas divina etiam principium sit producendi creaturas testis est David quando inquit: *Omnia quaecunque voluit, fecit*; non enim quae intelligit Deus, facit, sed quae vult, ea demum facere solet. Libertas est essentiale voluntati, quare et libere producit. Isti duo modi principiandi possunt concurrere, sed respectu diverso.

Item spiritus potest accipi essentialiter et notionaliter; quemadmodum amor, de quo supra meminimus, ita quoque principium, nam aliquod est essentiale, aliquod notionale. Pater et filius sunt principium notionale spiritussancti. Sed pater, filius, et spiritussanctus sunt principium essentiale creaturarum, quia *opera trinitatis ad extra sunt indivisa*, iuxta theoricam saepius dictam.

Dubium: Cum spiritussanctus sit per se subsistens, unde est quod spiratio seu productio spiritussancti non sit generatio, cum tamen productio filii generatio dicatur, productio autem spiritussancti minime sed spiratio?

Respondetur breviter per hanc propositionem. Propositio: quod spiritussanctus similis est patri et filio non est ex vi productionis sed ex infinitate tam producentis quam producti. Filius in divinis similis est patri ex vi generationis, quia simile generat sibi simile. Non sic est de spiritusancto, quia ex vi productionis spiritussanctus non est similis patri et filio. Accipias exemplum de creaturis. Homo generat hominem, leo leonem, et caetera, non sic fit in spiratione, quia flatus hominis seu spiratio non est similis homini nec leonis

---

15 *Psa.* 113B (115), 3*.
24 This point is made by Damasc. in *De fide orth.*, L. I, c. 10 (PG 94, 839-840A) *et passim*; Eck's formulation is much closer, however, to Aug., *De trin.*, L. I, c. 5, n. 7 (PL 42, 824; BA 15, 104), and *Contra serm. arian.*, c. 4 (PL 42, 686).

leoni, et caetera. Quare etiam spiritussanctus ex vi productionis non habet quod sit similis patri et filio, sed ex modo producendi, quia pater et filius producendo spiritumsanctum communicant eidem naturam et essentiam eandem.

5   Generatio et spiratio activa formaliter et ex natura rei distinguuntur, quia habent distincta principia originaliter. Generatio enim fit ab intellectu divino, spiratio a voluntate; generatio per modum naturae, spiratio per modum voluntatis et ita libere. Spiritussanctus itaque volendo, diligendo, et spirando producitur, non generatur.

Cur spiritussanctus non spirat alium spiritum? Quia potentia spirando in patre et filio habet productum sibi adaequatum, quare nihil amplius potest produci. Et haec ratio est cur in divinis tantum tres personae sint, nec plures nec etiam pauciores.

---

5   activa *superscr.*

DISTINCTIO 11: AN SPIRITUSSANCTUS PROCEDAT A PATRI ET FILIO?

Certe nobis dubitare non licet, habemus enim determinationem Ecclesiae quod (inquam) spiritussanctus procedat a patre et filio. Sed in hoc Graeci a Latinis sunt divisi; qui licet in Concilio Florentino fuerint nobis Latinis uniti, tamen regressi ad patriam redierunt etiam ad pristinum errorem, in quo adhuc sunt; quae forte caussa esse poterit cur a Turcis sint subacti, certe quod ab Ecclesia Romana desciverint.

Porro Graeci pro errore suo stabiliendo allegant Concilium Synodi Nicaenae ubi dicitur quod spiritussanctus *a patre procedat*. Sed ad hoc facillimum est respondere hoc modo: liceat verum necessarium semper est necessarium, non tamen semper est cognitum. Illustratur enim successive per Ecclesiae spiritum et determinationem, et in finem usque mundi illustrabitur. Ita pari ratione in primitiva Ecclesia nondum notum erat apostolis et cognitum legalia ne servanda essent, nec ne. Item Petrus nescivit an commedere deberet communia, sed angelus postea illi ostendit quod commedere deberet. Ita deinceps per Ecclesiae determinationem legalia cessare coeperunt. Item Petrus principio credidit quod Evangelium dumtaxat pertineret ad Iudaeos, sed postea melius edoctus dixit: *In veritate comperi quia apud Deum non est acceptio personarum*. Ad propositum. Ecclesia itaque determinavit quod spiritussanctus procedat a patre et filio, nec obstat quod Concilium Nicaenum hoc non habeat, quia tunc temporis non erat dubitatum de hoc nec unquam controversum. Sed quoniam postea dubitatum fuit, ideo Ecclesia postea hoc adiecit ut dicatur, *qui a patre filioque procedit*.

Secundo Graeci pro sententia confirmanda advocant Doctores et patres suos, Damascenum, Cyrillum, Athanasium, et alios, qui scilicet dicunt spiritumsanctum procedere solum a patre. Sed facile est illis respondere. Damascenus, Cyrillus, Athanasius, et siqui sunt alii hoc dixerunt ante Ecclesiae determinationem, et ideo non sunt erroris vel haereseos accusandi; quemadmodum Richardus, qui dixerat essentiam generare, non est propterea haereticus censendus

---

3-4   Denz. 150, 470, 800.
5   For the Bull of Union, *Laetentur caeli*, of the Council of Florence see Denz. 1300-1308.
1-11 Denz. 150
21-22 *Act.* 10, 34*.
28-29 Cited by Lombard, *Sent.*, L. I, d. xi, n. 2-5 (PL 192, 552-3).
33   *De trin.*, L. VI, c. 22-23 (PL 196, 986-989); see also *supra*, p. 29.1-9.

quia hoc dixerat ante Ecclesiae determinationem. Citant quoque Graeci ipsi Latinos autores, Hieronymum, Hilarium, qui (inquam) ipsi dicunt spiritumsanctum procedere a patre per filium. Sed non sequitur statim quod propterea non procedat a filio, sed magis
5 ideo (ut ait Augustinus) quod filius non habeat a se vim spirandi sed a patre, quemadmodum etiam essentiam a patre accipit. Quare si pater communicat filio vim illam spirandi, non mirum quod Doctores dixerint spiritumsanctum procedere a patre per filium, quia pater communicat filio illam potentiam spirandi, id est voluntatem faecundam.

10 <center>Authoritates</center>

Licet rationes adductae sint sufficientes, tamen ut etiam aliquid habeamus ex sacris litteris pauca adducere libuit. Ioan. 15: *Cum venerit paracletus quem ego mittam vobis a patre.* Sed quomodo filius
209v posset spiritumsanctum mittere nisi ab eo procederet? / Item
15 Ioan. 16: *Ille me clarificabit et de meo accipiet.* *Ille,* scilicet spiritussanctus, *clarificabit me. Et de meo accipiet*; quid autem a Christo accepit spiritus? Essentiam et esse suum, quare et ab ipso procedit.

Sanctus Thomas utitur hoc argumento contra Graecos: Si spiritussanctus non procederet a filio non distingueretur ab eo. Sed (ut cum
20 tanti viri venia dictum sit) respondetur negative et contra Thomam, hoc est: etiamsi spiritussanctus non procederet a filio, nihilominus tamen adhuc ab eo distingueretur. Patet quia filius constituitur in esse personali per generationem, pater enim generat filium per intellectum, et secundum nostrum modum intelligendi intellectus prior
25 est voluntate qua spiritussanctus producitur. Item in divinis non solum relationes oppositae sed etiam disparatae probant distinctionem. Oppositae sunt generatio et filiatio, generatio inquam activa et generatio passiva quae opponuntur. Disparatae sunt filiatio et spiratio passiva; illae (inquam) relationes non oppositae sunt sed
30 disparatae, quae probant distinctionem inter filium et spiritumsanctum.

---

4 non procedat *scripsi*; procedat.
5 (ut ait Augustinus) *scripsi*; (ut ait) Augustinus.
19-20 (ut cum tanti viri *scripsi*; (ut) cum tanti viri.

1-3 Cf. Lomb., *Sent.*, L. I, d. xii, n. 5 (PL 192, 554).
2 Hilarius, *De Trin.*, L. XII, c. 55-56 (PL 10, 469-470). Jerome is mentioned by Lombard in the passage cited above, but not precisely as Eck cites him here. Eck may be drawing upon Lombard in a faulty way; I have not found the opinion cited in Jerome's writings.
12-13 *Ioan.* 15, 26. 15 *Ioan.* 16, 14*.
18-19 *Sent.*, L. I, d. xi, q. 1, a. 1.

DUBIUM EX DISTINCTIONE 12

An spiritussanctus procedat a patre et filio tanquam ab uno principio vel a diversis principiis? Hoc determinatum est per Ecclesiam quod scilicet pater et filius sint unum principium spiritussancti, de quo amplius non oportet dubitare. Sed quando dicimus, pater et filius sunt unum principium, tunc principium potest supponere vel pro essentia vel pro persona. Si pro essentia, tunc spiritussanctus quoque principium est, principium (inquam) est sui ipsius; quia omnia essentialia communia sunt tribus personis. Si autem pro persona, tunc pater et filius sunt duo principia distincta. Quare resolutio est: / spiritussanctus procedit a patre et filio tanquam ab uno principio, non propter unitatem essentiae, quia tunc et spiritussanctus principium est, sed propter unitatem principii spirativi. Quia pater spirat spiritumsanctum per voluntatem faecundam, et per eandem filius quoque spirat eundem, quare sunt unum principium.

Sed quaereres: Quid faciunt illae particulae, *ut, tanquam, sicut, quasi*, et similes, dicendo spiritussanctus procedit a patre et filio *tanquam* ab uno principio. Responsio: Non sunt ibi particulae diminutivae, nihil sane minuunt de veritate processionis, sed sunt expressivae veritatis. Simile est apud *Ioan.* capite 1: *Vidimus gloriam eius, gloriam quasi unigeniti a patre*, et caetera.

Inquantum apud Doctores sacros non accipitur reduplicative sed specificative, dicendo, Spiritussanctus procedit a patre et filio *inquantum* ab uno principio.

Quale tandem sunt principium pater et filius ipsius spiritussancti? Essentiale an secus? Respondeo: Sunt principium notionale spiritussancti. Tota quidem trinitas est principium essentiale creaturarum, licet approprietur ipsi patri. Hic Hilarius ait, qui et sane intelligendus est: *Sicut pater et filius sunt principium spiritussancti* (intelligas *notionale*) *ita trinitas est principium creaturarum* (intellige *essentiale*, ex iam dictis). Ut unus Deus spirat spiritumsanctum et non plures Dii, ita quoque unum principium spirat spiritumsanctum.

An spiritussanctus uniformiter procedat a patre et filio? Doctores faciunt multas ambages. Sed facilis resolutio est haec, quod spiritussanctus uniformiter procedat a patre et filio. / Uniformitas autem

---

3-4 Denz 850; 1300.
21-22 *Ioan.* 1, 14.
30-31 Not located.

haec non excludit ordinem personarum producentium, sed includit.

An spiritussanctus sit amor et nexus patris et filii? Spiritussanctus appellatur amor, dilectio charitas. Amor aliquis est essentialis, et is communis est tribus personis ut omnia essentialia; aliquis personalis, et is est ipsemet spiritussanctus. Omnia autem essentialia priora sunt personalibus.

Dilectio potest esse commune, proprium, et appropriatum. Essentialiter sumptum est commune tribus personis. Personaliter est proprium spirituisancto. Appropriatum quando commune est appropriatur tantum spirituisancto. Respondetur itaque quod pater et filius diligant se spiritusancto, vel diligendo sese mutuo producant spiritumsanctum, quia spiritussanctus est amor et nexus amborum.

Sed in oppositum argumentatur: Si pater et filius diligunt se spiritusancto, ergo et pater est sapiens sapientia genita, id est filio. Respondet Augustinus quod non. Non enim est simile quia *esse sapientem* nunquam accipitur notionaliter sed semper essentialiter. *Diligere* autem, ut diximus, accipitur aliquando notionaliter, non simpliciter quidem sed partim notionaliter, partim essentialiter, sicut *dicere* in divinis ad extra semper est essentiale. *Psa*: *Dixit, et facta sunt*. *Dicere* illud nihil aliud est quam *facere*, est dicere practicum. *Opera trinitatis ad extra sunt indivisa*. *Dicere* ad intra non est pure essentiale nec pure notionale, quia pater dicit verbum ubi *dicere* importat essentialem cognitionem patris et etiam expres-/sionem verbi. Ita *diligere* ad extra est commune tribus personis, sed ad intra est partim essentiale, partim notionale. Includit dilectionem essentialem et spirationem; spirativam ratione primi est essentiale, secundi est notionale. Et ita ratione secundi admittitur quod pater et filius diligant se spiritusancto.

---

1 includit *scripsi*; excludit

---

15   *De trin.*, L. VI, c. 1, n. 2 (PL 42, 924-926; BA 15, 472-476) and L. VII, c. 1, n. 3 (PL 42, 931-939; BA 15, 502-527).
19-20 *Psa*. 32 (33), 9.
21   Cf. Aug., *De trin.*, L. I, c. 5, n. 7 (PL 42, 824; BA 15, 104); *Contra serm. arian.*, c. 4 (PL 42,686); Damasc., *De fide orth.*, L. I, c. 10 (PG 94, 839-840A) *et passim*.

[DISTINCTIO 16:] DE MISSIONE SPIRITUSSANCTI

Dubium: An etiam filius mittatur ad extra invisibiliter? Sicut charitas quae creata est communis est tribus personis, appropriatur tamen spirituisancto quia est a voluntate, qua producitur spiritussanctus; sic quae profluunt ab intellectu appropriantur ipsi filio, ut noticia, cognitio, fides, et caetera. Quando itaque datur et infunditur alicui fides, vera Dei cognitio, sapientia, et caetera, tunc dicitur filius mitti invisibiliter.

Visibiliter semel missus est, quando venit in hunc mundum per incarnationem. Missus est autem a patre et a semetipso.

Tota trinitas operata est incarnationem filii, et tamen solus filius assumpsit carnem. Quia *opera trinitatis ad extra sunt indivisa*, tamen respectus non est communis. Respectus incarnationis non est communis, terminatur enim ad solum filium (incarnari dicit respectum). *Caro* enim *ad solum filium pertinet*, inquit Augustinus.

Duae sunt personae missae, filius et spiritussanctus; tres mittentes, pater, filius, et spiritussanctus. Pater mittit filium et spiritumsanctum. Filius mittit seipsum et spiritumsanctum (pater enim non mittitur), spiritussanctus mittit filium et seipsum. Missio activa pertinet ad tres personas, passiva ad duas tantum modo. Augustinus: *Pater datur, non mittitur, creaturis et venit ad eas.* Ioan.: *Veniemus ad eum et mansionem apud eum faciemus.*

Cur nulla missio spiritussancti legitur in veteri testamento? In veteri testamento filii quidem promissio facta est, missio promissa est, sed non spiritussancti. Iudaei communiter negabant pluralitatem personarum in divinis. *Audi Israhel, Deus tuus unus est*, intelligebant ipsi non tantum in essentia sed etiam in personis. Gentiles omnino contrarium sentiebant. Christiani (ut rei veritas est) tenent et credunt Deum unum et trinum, unum in essentia, trinum in personis. Licet itaque in veteri testamento non nominentur tres personae, tamen

---

1   There are six lines of text on page 211ʳ, ending with the heading DE MISSIONE SPIRITUSSANCTI. The remainder of 211ʳ and all of 211ᵛ are blank.
25   missio promissa est *superscr.*

16   *De trin.*, L. XV, c. 11, n. 20** (PL 42, 1073; BA 16, 476). Cf. Sermo lxxi, c. 16 (PL 38, 460).
21-22 *Contra serm. arian.*, c. 4 (PL 42, 686).
22-23 *Ioan.* 14, 23*.
27   *Deut.* 6, 4.

insinuatur trinitas pluribus in locis. Respondetur itaque ad dubium: Quamvis vetus testamentum quandoque meminerit spiritussancti, non tamen legitur ipse unquam fuisse missus, quia fuit servatus ad plenitudinem temporis, in qua nos nunc sumus.

5   Alia ratio: Cum spiritussanctus sit tertia persona in divinis, non erat conveniens ut ea visibiliter mitteretur in mundum ante secundae personae, id est filii missionem. Et ex hoc patet nobilitas et excellentia novi testamenti super vetus.

Quales res fuerint in quibus spiritussanctus fuit visibiliter missus?
10 Respondent sancti Doctores quod signa ista fuerint res verae et corporales, non tamen illius speciei; ut columba fuit res vera facta ministerio angelorum, ita ignis, non tamen illius speciei. Secus de nube et flatu, quae fuerunt res verae et quoque illius speciei. Diximus quod res illae erant factae ministerio angelorum. Nam si lex
15 data est ministerio angelorum, et angelus de nube loquebatur, quare res illae quoque ministerio angelico praeparatae erant.

213ʳ   Quid faciat missio spiritussancti invisibilis? Respondebis: In missione invisibili spiritussanctus ipsemet per suam essentiam et in suo dono, id est charitate mittitur. Charitas autem illa facit homi-
20 nem Deo specialiter esse acceptum. Esse acceptum Deo est quando voluntas divina ordinat talem ad vitam aeternam secundum praesentem eius dispositionem. Quando Petrus fuit vocatus ad apostolatum data est ei charitas, qua gratus et Deo acceptus reddebatur. Quando vero Christum confitebatur (*Tu es Christus filius Dei vivi*), fuit ei
25 gratia illa seu charitas (idem enim sunt) aucta, et ita ad augmentum gratiae augetur quoque vitae aeternae beatitudo.

Charitas itaque augescit sed non minuitur, non remittitur. Per peccatum (inquam) charitas non remittitur, neque minuitur, sed totaliter perditur et amittitur et annihilatur, non a peccatore sed a
30 Deo. Quando itaque Doctores dicunt charitatem minui intelligendi sunt de charitate acquisita, hoc est quod Doctores dixerunt: *Peccata venialia non minuunt charitatem sed fervorum charitatis*, id est charitatem acquisitam.

Charitas increata essentialiter est communis tribus personis.
35 Notionaliter est ipsemet spiritussanctus. Creata vero duplex est: infusa una, quae a Deo infunditur homini iustificato; acquisita alia, quam fervorem charitatis Doctores appellant.

10-13   E.g., Thomas, *Sent.*, L. I, d. xvi, q. 1, a. 4.
15   *Act.* 7, 53**.   24   *Matt.* 16, 16.
30-33   E.g., Thomas, *Sent.*, L. I, d. xvii, q. 2, a. 5.

[DISTINCTIO 18]

Quomodo intelligitur spiritussanctus esse donum? Augustinus: *In divinis nihil dicitur verbum nisi filius, nec donum nisi spiritussanctus.* Donum primo includit processionem per modum voluntatis vel amoris, sicut dicere per modum naturae; secundo includit donabilitatem, quod scilicet potest donari creaturis, et sic donum proprium est spiritussancti. Sed contra: *Parvulus datus est nobis et filius natus est nobis*, ait propheta; ergo et filius datur, sicque donum ad filium quoque pertinet. Responsio: Differunt dare et donare secundum Doctores, sicut et dare et mittere. Quia quaelibet persona quamlibet dare dicitur, sed filius tantum et spiritussanctus mittuntur. Ita pari quoque ratione spiritussanctus tantum donatur. Est itaque notandum quod in dono tria sunt consyderanda. Primum est respectus ad donantem; secundum, modus processionis; tertium, modus donationis liberalis. Cum dicit respectum ad donantem sic pater non donatur, quia ipse a nullo est. Ratione modi procedendi, ex voluntate scilicet faecunda, excluditur filius, sic enim non donatur. Sed in oppositum Augustinus inquit quod Deus donaverit nobis filium. Respondeas: Cum Augustinus dicat nobis donatum esse filium intelligendum est secundum humanitatem, non divinitatem. Filius enim in divinis non est donum, ut diximus, quia deficit ei modus procedendi, per voluntatem scilicet.

Dubium: Si donum est proprium spirituisancto, an etiam constituatur ex eo, seu donabilitate? Pro hoc dubio solvendo notandum quod relationes divinae sunt in triplici ordine. Primo sunt relationes constituentes, ut paternitas, filiatio, spiratio. Secundo sunt relationes quae sunt communes, fluunt tamen ex prioribus, ut aequalitas, identitas. Tertio sunt relationes ad creaturam / et illae sunt posteriores duabus prioribus ex natura rei. Ad rem. Donum est relatio, includit enim respectum, donabilitatem scilicet et cui donatur. Item dicit respectum notionalem quia procedit per modum voluntatis, et respectum temporalem quia creaturae donatur. Dicas itaque quod donum est proprietas spiritussancti non constitutiva, quia spiritussanctus constituitur per spirationem passivam et non per donum.

Aliud dubium: Quomodo spiritus in divinis dicatur spiritus noster et tamen filius in divinis non dicitur filius noster? Pater quidem

---

3   Conflation of *De trin.*, L. VI, c. 2, n. 4 (PL 42, 925; BA 15, 472-4) and L. XV, c. 19, n. 35 (PL 42, 1085-6; BA 16, 518-520).
7-8   *Isa.* 9, 6*.
17-18   Not located. Cf. *De trin.*, L. IV, c. 20 (PL 42, 908), where the Holy Spirit as a *donum* is contrasted with the Son as *natum*.

[DISTINCTIO 18]

noster dicitur et donum quoque nostrum dicitur. Quando itaque liceat addere *nostrum* et quando non terminis divinis notabis hanc regulam. Regula: Quando nomina divina comparantur ad creaturam in ratione caussae finalis vel efficientis, bene potest addi *nostrum,*
5 *meum,* vel simile et caetera. Similiter in ratione correlationis, ut *Deus est creator noster,* bene dicitur in ratione caussae efficientis. Item *Deus est beatitudo nostra* dicit habitudinem caussae finalis. In correlationibus, ut *pater noster,* quia nos sumus filii eius; ita *protector noster, refugium nostrum.*
10 Quando autem ponuntur in ratione formae, et hoc non permittitur. Quare non dicimus, *Deus est potentia nostra, Deus est sapientia nostra*; ita non dicimus, *filius noster.* Ad rem. Spiritus quando accipitur personaliter a spirando passive, tunc non est noster, non licet dicere *spiritus noster.* Sed quando dicitur ab inspirando, hoc est
214ᵛ quando inspirat nobis, quando revelat nobis, docet nos, recte dicimus *spiritus noster.* Magistri error, quod voluit quod spiritussanctus sit charitas nostra formaliter, quod est falsum et impossibile.

16-17 Lomb., *Sent.*, L. I, d. xvii, n. 2 (PL 192, 564).

DISTINCTIO 19

In ea tractatur de aequalitate personarum. Aequalitas est una relatio quae sequitur statim relationes constitutivas et est communis tribus personis. Sed quomodo consistat aequalitas trium personarum nunc dicendum.

Ex quinto *Metaphysicorum* habetur quod super uno sumantur tres relationes, identitas, aequalitas, et similitudo: identitas in substantia, aequalitas in quantitate, similitudo in qualitate. Sicut autem philosophi explicant relationem de quantitate molis, ita nos melius et perfectius possumus explicare de quantitate virtutis seu magnitudine perfectionis. *In hiis autem rebus quae sunt magnae sine mole* (inquit Augustinus) *idem est esse melius quod est esse maius.*

Est itaque magnitudo duplex: quantitativa scilicet molis, seu extensa, et illa non pertinet ad divina; alia virtutis seu perfectionis, quemadmodum angelus infimus et supremus inaequales sunt magnitudine illa virtutis. Quemadmodum itaque magnitudo est in divinis, ita quoque aequalitas, quia aequalitas est magnitudinis seu quantitatis relatio.

Conclusio: In personis divinis est summa et perfecta aequalitas in magnitudine virtutis seu perfectionis. / Sed haec divinarum personarum aequalitas (ut Augustinus ait in libro *De Fide ad Petrum*) attenditur in tribus, in magnitudine, duratione, et potentia. In magnitudine (ut diximus) virtutis et perfectionis quia una persona tam perfecta est quam alia, et quaelibet summe perfecta est. In duratione, id est aeternitate, ea enim est duratio divina. In potentia intelligas quo ad extra, quicquid enim una persona potest, hoc et alia potest, iuxta illam regulam: *Opera trinitatis ad extra sunt indivisa.* Dixi notanter de potentia ad extra, non ad intra; quia pater potest generare, filius non potest generare.

Cameracensis et alii quidam Doctores movent hic dubitationem an concedendum sit, sicut filius coaequatur patri, ita quoque pater coaequetur filio. Dubitationem hanc sumpsit ex symbolo Athanasii in quo ita dicitur: *Aeternus pater, aeternus filius, aeternus et spiritussanctus, et tamen non tres aeterni, sunt unus aeternus.* Postea tamen dicit

---

6-8   Arist., *Metaph.*, L. V, c. 15 (1021ª10-14).
11-12   *De trin.*, L. VI, c. 8, n. 9* (PL 42, 929; BA 15, 490).
20-22   Ps. Aug. (Fulgentius), *De fide ad petrum*, c. 1 (PL 40, 754).
27   Aug., *De trin.*, L. I, c. 5, n. 7 (PL 42, 824; BA 15, 104); *Contra serm. arian.*, c. 4 (PL 42, 686); Damasc., *De fide orth.*, L. I, c. 10 (PG 94, 839-840A).
30-32   Cam., *Sent.*, L. I, q. 10, a. 3 (fo. 155ᵛ D).
33-34   Denz. 39.

idem symbolum: *Sed totae tres personae coaeternae sibi sunt et coaequales.* Hoc est certe quod admiratur Cameracensis, quodque illi dubitandi occasionem praebuit, cum prius symbolum dicat non tres aeternos dicendos esse sed unum aeternum, mox tamen fateatur tres coaeter-
5 nos. Nesciens Cameracensis resolutionem confugit ad Ecclesiae autoritatem, quod ea scilicet receperit hoc Athanasii symbolum, quapropter ita esse credendum. Sed non magna inibi difficultas. Licet in divinis non sint tres aeterni dicendi quia tres Dii tunc forent, bene tamen tres coaeternos esse dicere possumus, id est tres coaeter-
10 nas personas. Praepositio enim *con* dicit aliquam associationem personarum, quod aeternus non facit. Ex hoc itaque patet dubii solutio. Sed ad primam dubitationem, an sicut filius coaequatur patri, ita etiam pater coaequatur filio, notanda est haec regula: / Docto-
215ᵛ res in nominibus concedunt sed in verbis negant. Concedunt (in-
15 quam) hanc, *pater est coaequalis filio*, cum nomine; sed hanc minime, *pater coaequatur filio*, quia in verbis non concedunt. Quare haec quidem conceditur et semper vera fuit: *filius coaequatur patri*; sed illa non: *pater filio coaequatur*. Verum illa: *pater filio coaequalis*. Ratio autem huius est quia nomina sunt relativa aequiparantiae, sed
20 verba non solum aequiparantiae sed etiam disquiparantiae. Ut coaequari non solum includit relationem aequiparantiae, sed etiam disquiparantiae, hoc est productionem quia autem in patre non est disquiparantia, ergo recte quidem dicitur, *filius coaequatur patri*, non tamen recte, *pater coaequatur filio*.

25 De Circumincessione

Consequenter Magister agit nunc de inexistentia personarum per illud verbum *Ioan.*: *Non credis Philippe, quia pater in me est et ego in patre.* Porro mutuam illam personarum inexistentiam Doctores appellaverunt modum essendi in per circumincessionem. Cum enim
30 nullo modorum illorum quod Aristoteles tradidit de essendi in una persona divina sit in alia, oportebat certe Doctores aliquem excogitare quo personae una in alia esse dicerentur et est circumincessio illa. Circumincessio itaque est intima et mutua praesentialitas subsistentis in subsistente. Porro in hac diffinitione patres solum
35 respexerunt ad personas et non ad relationes. Quare ne relationibus quoque conveniret circumincessio repudiata est haec diffinitio

---

1   *Ibid.*
27-28 *Ioan.* 14, 10*.
30-31 *Metaph.*, L. V, c. 23(1023ᵃ7-25).

216ʳ et illa ceu melior assignata: Circumincessio est intima / praesentia et consubstantialis subsistentis in subsistente distincto. Diffinitio illa completissima est et priore longe melior et perfectior. Si enim quaereretur, an spiritus malus in homine obsesso sit in anima per
5 circumincessionem, mox respondebitur quod non, quia spiritus malus et anima humana non sunt consubstantiales. Item: An pater sit in deitate per circumincessionem, responde quod non. Quia circumincessio est subsistentis in subsistente distincto, modo pater non distinguitur ab essentia, ita paternitas non est in patre. Requiritur
10 itaque ad circumincessionem primo praesentia intima et consubstantialis, secundo quod sint duo subsistentia distincta; sic etiam excluduntur quia non sunt consubstantiales.

Conclusio: Nulla creatura est in alia per circumincessionem. Licet ille modus essendi in quo totum est in partibus et partes in toto
15 sit ferme similis huic modo, non tamen omnino; deficit in multis. Partes enim totius non subsistunt. Item partes secundum aliquos realiter distinguuntur a toto, et caetera. Quare parergon: Filius exivit a patre. Si *exire* refertur ad aeternam filii generationem non est proprie exitus; sin ad humanam est vere exitus.

DISTINCTIO 20: AN TRES PERSONAE SINT AEQUALES IN POTENTIA?

Ratio dubitandi est illa: Quia pater generare potest filium, filius autem et spiritussanctus non possunt generare filium, videtur ergo
5 quod pater, filius, et spiritussanctus in potentia non sint aequales.
216ᵛ Item aliis verbis quaestio illa proponitur: / An potentia generandi pertineat ad omnipotentiam? Loquitur de potentia productiva in communi. Ea enim duplex est. Una ad intra, quae iterum bifariam partitur: prima est potentia generandi, secunda spirandi, utra activa
10 et passiva. Altera est ad extra, quae respicit creaturas. Respondemus itaque breviter quod potentiae de posse ad intra non sunt aequales, non tamen mox sequitur quod sint inaequales, quemadmodum pater et filius propter relationes disquiparantiae non sunt inaequales. Sed de potentia productiva ad extra sunt aequales per theoricam
15 iam pluries allegatam: *Opera trinitatis ad extra sunt indivisa.*

Sed obiicitur: Omnipotentia pertinet ad patrem, ad filium, et ad spiritumsanctum; si autem filius item et spiritussanctus non habent potentiam generandi non sunt omnipotentes, non habent (inquam) omnipotentiam. Quaeritur itaque, quid distribuit *omne* in dictione
20 *omnipotentia*? Respondendum quod *omne* in vocabulo *omnipotentia* non distribuit formale sibi additum sed eius obiectum, id est non distribuit ipsam potentiam sed obiectum potentiae; ut dicendo, *Deus est omnipotens*, id est Deus potest omne possibile fieri vel omne factibile. Quare Deus non potest facere Deum, quia Deum fieri est
25 impossibile. Hinc angelus dixit ad Mariam *Luc.* 1: *Non est impossibile apud Deum omne verbum. Verbum* inquam, id est rem quae possibilis est fieri. Omnipotentia itaque Dei intelligenda est de potentia obiectiva, non subiectiva.

Omnia quae habet pater mea sunt. Intelligenda sunt omnia essentialia,
30 ut sapientia et caetera; ea quoque filii sunt, quia pater generando communicavit ea omnia filio identice.
217ʳ Superius quoque audivimus quod potentia generandi communis sit tribus personis, potentia tamen generandi non idem est quod posse generare, et caetera.

---

15   Aug., *De trin.*, L. I, c. 5, n. 7 (PL 42, 824; BA 15, 104); *Contra serm. arian.*, c. 4 (PL 42, 686); Damasc., *De fide orth.*, L. I, c. 10 (PG 94, 839-840A).
25-26   *Luc.* 1, 37*.
29   *Ioan.* 16, 15*.
32-34   *Supra*, p. 38,10-15.

Quo ad potentiam itaque ad intra personae non sunt aequales sed quo ad potentiam ad extra sunt aequales. Facilis est resolutio. Quare rectissime dixit Occam quod disputatio illa magis sit verbalis quam realis.

Ad argumentum Augustini: Si pater non potest generare sibi filium aequalem non erit omnipotens. Ergo etiam si filius non potest generare filium non erit quoque omnipotens. Argumentum est divi Augustini contra Maximinum haereticum. Respondent communiter Doctores et dicunt quod posse generare in patre pertinet ad omnipotentiam patris sed non ad omnipotentiam filii. Sed videtur minus sufficiens responsio quia statim obiiceretur, ergo aliquid pertineret ad omnipotentiam patris quod non pertineret ad omnipotentiam filii et sic non esset una omnipotentia in tribus personis. Quare Iunioribus responsio illa non placet nec etiam vera esse videtur, quia omnipotentia et omnipotens est praedicatum essentiale et ita est commune tribus personis. Proinde dicendum est quod Augustinus hic argumentetur contra Maximinum haereticum, qui credidit filium minorem esse patre, quare ita confundit eum: Si pater non potest generare filium sibi aequalem sed minorem se non est omnipotens, quod est falsum, et caetera.

Aliud argumentum: Si potentia creandi coelum et totum mundum pertinet ad omnipotentiam patris, ergo etiam potentia generandi filium pertinet ad omnipotentiam patris; tenet consequentia a minori ad maius. Respondendum: Nulla est comparatio inter potentiam generandi in divinis et potentiam creandi ad extra. Comparatio secundum Aristotelem debet fieri in specie, hic non fit in specie, quare nulla est comparatio.

---

3   Occam, *Sent.*, L. I, d. xx, q. un. C.
5-6   Aug., *Contra maximin. haeret.*, L. II, c. 12, n. 3 (PL 42, 768 f.).
9-10   E.g. Thomas, *Sent.*, L. I, d. xx, q. 1, a. 1. Scotus ascribes this opinion to Aegidius, *Op. Ox.*, L. I, d. xx, q. un., n. 5 (Vivès 10, p. 200).
14-16   Occam, *Sent.*, L. I, d. xx, q. un. D. Cf. Cam., *Sent.*, L. I, q. 10, a. 3 (fo. clv B).
26   Cf. *Metaph.*, L. X, c. 4 ($1055^{a}6$-8).

DISTINCTIO 21: DE DICTIONIBUS EXCLUSIVIS

Solus, accipiendo substantive vel positive, hoc est quando significat solitudinem vel solitarium, non admittitur in divinis. Proinde Hilarius inquit: *In Deo non est diversitas* (contra Arrium) *nec solitudo*
5 (contra Sabellium). Accipiendo vero adiective vel syncathegoreumatice, admittitur vel non ut sequitur.

Regula: Particula exclusiva, sive constituat propositionem exclusivam seu de extremo excluso, non admittitur de persona ad essentiale sed bene in notionalibus secundum materiam subiectam. Ut *solus*
10 *pater est Deus* non admittitur; quia pater est persona, Deus essentiale, ita non. *Solus pater creat*; *pater* notionale, *creat* essentiale, et caetera. Sed illa conceditur: *solus pater generat, solus filius est genitus.*
218ʳ Quaelibet enim persona habet suas notiones a quibus recte ex-/cluditur alia persona. Item: *Trinitas est unus solus Deus* admittitur ad
15 illum sensum de quo diximus de persona ad essentiale.

Regula Averrois: *Quando exclusivum additur relativo, excludit suum correlativum*. Haec regula pro nobis est, ut *solus pater generat* excludit filium quod ipse non generat.

---

4   *De trin.*, L. IV, c. 18* (PL 10, 111).
16-17 Not located.

DISTINCTIO 22: IN QUA MAGISTER AGIT DE NOMINATIONE PERSONARUM

An Deus sit nominabilis? An trinitas habeat aliquod commune nomen quo nominetur? Deus in se non est cognoscibilis, ut antea multis diximus, conceptu scilicet proprio et in se. Est tamen cognoscibilis conceptu negativo, ut infinitum bonum. Item conceptu complexo, ut primus motor, summum bonum. Item conceptu etiam affirmativo simplici et incomplexo, sed tamen connotativo, ut creator, qui conceptus quidem simplex et incomplexus est, tamen non absolutus sed connotativus, respicit enim creaturas ipsas. Quare Deus conceptu proprio, simplici, et absoluto incognoscibilis est. Oportet itaque nos expectare id quod Iohannes dixit: *Tunc videbimus eum sicut est*. Pulchrum est quod Scotus inquit: *Distinctius potest res significari quam cognosci vel intelligi*. Sciunt bene Dialectici quod non possumus habere conceptus ultimatos de substantiis, quare dicunt quod praedicamentum substantiae vacet in conceptibus ultimatis. Substantias enim in se cognoscere nequimus, bene tamen significare, ut *homo est | animal rationale* et caetera. Item obiter hic notandum quod aliud sit a quo nomen imponitur et aliud ad quod imponitur. *Lapis* a *laedendo* impositum est, sed ad quod? Ut scilicet significet illam substantiam quae *lapis* dicitur. Ita *episcopus* a *superintendendo* impositum est sed ad hoc impositum est, ut significet eum qui caeteris praesit non solum officio et cura sed etiam honore, et quod gradum et ordinem habeat caeteris excellentiorem. Oportet itaque nomen considerare non a quo imponatur sed ad quid significandum impositum sit. Ita *Deus* impositum est ut significet essentiam illam, naturam, et substantiam divinam.

Occam: *Res potest distinctius amari quam intelligi*. Non obstante illa divi Augustini regula, *Nihil volitum vel amatum nisi cognitum*, ita Deum possumus multo distinctius amare quam cognoscere, et haec ratio est quo pacto dilectionis divinae praeceptum implere valeamus. Deum itaque hoc modo cognoscimus, id est possumus illi dare et imponere nomen quod distincte essentiam eius et substantiam exprimit, distincte (inquam) ab omni creatura.

---

30 Deum *scripsi*; Deus.

12-13 I *Ioan.* 3, 2*.
13-14 *Op. Ox.*, L. I, d. xxii, q. 1, n. 2 (Vivès 10, p. 224).
28 *Sent.*, L. I, d. xxii, q. un. L.
29 *De trin.*, L. X, c. 1, n. 2** (PL 42, 973; BA 16, 118).

De Nominibus Divinis

Tres sunt viae venandi nomina divina. Prima via est caussalitatis, ita Deus appellatur primus motor, prima caussa, purissimus actus, et aliis nominibus, quae Aristoteles ei tribuit 12 *Metaphysicorum*. Item creator, conservator, redemptor, glorificator, beatificator noster.

Secunda via est eminentiae, de qua superius. Quaecunque perfectiones simpliciter repertae in creaturis per viam emi-/nentiae reperiuntur et sunt in Deo, ut vivere, iustum esse, sapientem esse, potentem esse, et caetera.

Tertia est via remotionis, id est negationis, ut Logici dicunt; ut quacunque re cognita vere dicitur, haec res non est Deus. Hinc regula est Dionysii: *Negationes de Deo verae sunt, affirmationes vero incompactae*, id est particulares, explicant enim tantum tam perfectionem Dei. Ut dicendo, *Deus est sapiens*, explicat tantum unam Dei perfectionem, sapientiam scilicet.

Est obiter hic sciendum quod theologia quadruplex sit. Prima affirmativa, quae traditur in sacra scriptura, ut *Deus creavit coelum et terram*; *eiecit Adam de paradiso*. Secunda est theologia symbolica, et in ea Deus *Omninomius*, id est omnium rerum nominibus adpellatur, dicitur enim lapis, ignis, leo, vitis, et caetera. Et ea maxime est in prophetis et passim in Evangeliis, quia *sine parabolis loquebatur nihil*. Tertia affectiva, id est devotaria, qualis est patrum devotorum in meditationibus sanctis. De ea locutus est David: *Dixi in excessu mentis meae*. Quarta demum est mystica quae et negativa. Sicut autem symbolica theologia Deum facit omninomium, ita haec facit eum *nullinomium*, id est nullis nominibus eum appellat. Illae autem negationes non sunt logicae, quod scilicet nihil ponant. Sed sunt supercellentes, ut *Deus non est sapiens*, id est supersapiens.

Quod est itaque excellentius nomen Dei? Iuniores dicunt quod illud nomen sit *Ego sum qui sum*. Tamen communior est sanctorum patrum opinio quod illud sit nomen Tetragrammaton, quod est primum et potissimum nomen et corona omnium nominum divinorum. *Ego sum qui sum* autem est fons omnium nominum. Ea de re multa Alphonsus Castiliensis in libro qui dicitur *Porta lucis*. Item

---

3-4 See especially c. 7 (1072ª).
12-13 *De cael. hier.*, c. 2, n. 3** (PG 3, 142A; PL 122, 1041).
17-18 *Gen.* 1, 1; *Gen.* 3, 24.   21 *Marc.* 4, 34*.
23-24 *Psa.* 30(31), 23.   30 *Exod.* 3, 14.
34 Alfonsi Zamorensis, *Introductiones artis grammatice hebraice nunc recenter edite* (Complutensi, 1526), cciv^r-ccv^r *et passim*.

Galatinus. Doctius tamen facit hoc Porchetus, Galatinus enim maiorem partem furatus Porcheto.

Augustinus libro 7 *De Trinitate*: *Deus verius cogitatur quam dicitur, et verius est quam cogitatur*. Sed non sequitur, Deus verius cogitatur quam dicitur, ergo etiam distinctius, quia non possumus cogitare eum et cognoscere distincte et in se.

---

1   I have not seen the text of Galatinus. On Galatinus and his relationship to Porchetus see P. A. Kleinhans, O.F.M., "De Vita et Operibus Petri Galatini," in *Antonianum* I (1926), pp. 145-179, 327-356.

1-2   On Porchetus see the article by George Foote Moore, "Notes on the Name ידוה," in *The American Journal of Semitic Languages and Literatures* XXVIII (1911-1912), pp. 34-52, 56-61.

3-4   C. 4, n. 7* (PL 42, 939; BA 15, 526).

DISTINCTIO 23: DE PERSONA

1. Plures dicere volebant personam terminum esse secundae intentionis, sed stulticia haec maxima fuit. Cum solum termini proprii scientiarum sermocinalium sint secundae intentionis, quare persona hic in divinis non est secundae intentionis, ut quidam somniabant.

2. Est ordo et gradus inter individuum, suppositum et personam. Individuum est in accidentibus et in naturis seu substantiis, ut haec albedo, et caetera. Suppositum pertinet ad substantias tantum seu subsistentias. Persona vero pertinet ad intellectualem substantiam et rationalem.

3. Licet *hypostatis* Graece Latinis sit *substantia*, tamen Graeci dicentes tres hypostases nihil aliud indicant quam nos Latini, dum dicimus tres personas. Ratio est quia nobis Latinis convenit minime admittere tres substantias.

Cur autem non liceat nobis Latinis tres substantias dicere Augustinus libro 5 *De Trinitate* capite 8 et 9 ostendit, ubi pertractat quod Latini habeant modum loquendi diversum a Graecis. Cur itaque Latinis non permittatur tres substantias dicere, cum tamen Graecis liceat dicere μίαν ὄυσιαν, id est unam substantiam, et tres hypostases, ea est caussa. Quia apud Latinos nomen substantiae aliquando accipitur transcendenter pro ente seu essentia, ut dicendo substantia albedinis. Propterea caverunt sancti patres ne dicerent tres substantias, ne scilicet simpliciores deciperentur et crederent tres essentias in divinis, ideo substituerunt nomen personae. Apud Graecos vero non eiusmodi periculum, quia ipsi accipiunt hypostasim pro substantia et pro eo quod nos personam dicimus.

Sed obiicis: In tota biblia *persona* non reperitur in hac significatione. Quae ergo caussa fuit, cur patres hoc nomen sibi asciverent? Respondebis, verum est quod non reperiatur in sacris bibliis, maxime in illo significatu, nihilominus tamen recipiendum erat. Licet enim nomen non sit in sacra scriptura tamen res ipsa, ita nec *Omusios* invenitur in ea (id est consubstantialis) tamen res ipsa. Quid ergo moverit patres? Dicas, quod quasi coacti fuerint nomen hoc personae sibi ascissere et in coloniam theologorum deducere. Nam cum dixerat Iohannes *Tres sunt, qui testimonium perhibent in coelo*, et caetera, instabant haeretici et gentiles quaerentes, Quid essent illi tres?

---

2   1 *marg.*   6   2 *marg.*   11   3 *marg.*

15-17   PL 42, 917; BA 15, 446-7.
35   Ioan. 5, 7*.

Graeci recte quidem dicere poterant, Sunt tres hypostases; Latinis / non ita dicere conveniebant tres substantias, ut diximus, quare excogitaverunt hoc nomen personae. Pulchrum est quod ait Augustinus libro 5: *Cum quaeritur quid tres, magna prorsus inopia laborat humanum eloquium, dictum est tamen tres personae, non ut illud diceretur, sed ne taceretur.*

Diffinitio Personae

Prima et antiquior est Boetii: *Persona est rationalis naturae individua substantia.* Altera, quae et uberior et explicatior, est Richardi: Persona est intellectualis naturae incommunicabilis substantia. Idem vult Richardus per incommunicabilem substantiam quod Boetius per individuam substantiam.

Haec diffinitio est quid nominis, quare bene admittit affirmationem et negationem et ita constitutionem, sed non ita diffinitio quid rei. Per *incommunicabile* negatur communicabilitas, id est aptitudo communicandi. Nomina enim *in*, *bilis* dicunt aptitudinem. Hoc dictum sit propter Magistrum Sententiarum, qui credidit animam quoque separatam esse personam et ita in 4 personam posuit: in divinis, in angelis, hominibus, et animabus separatis. In tribus primis verum dixit sed in quarto erravit, quia licet anima separata sit intellectualis natura, non tamen incommunicabilis, sed est communicabilis, id est apta reuniri corpori.

In praepositio in dictione *incommunicabilitas* negat communicabilitatem. Est autem quadruplex communicabilitas in rebus. Prima est quando forma communicatur subiecto, sive substantialis sit sive accidentalis; ita albedo communicatur parieti, anima corpori. Secunda est, sicut pars communicatur toti, ut caput corpori, ita nulla pars integralis personae est persona. Tertia est communicabilitas constituentis ad constitutum vel naturae ad suam subsistentiam. Ita essentia in divinis non est formaliter persona, licet identice, quia in divinis omnia sunt idem. Ita quoque paternitas non est persona, licet constituat personam. Quicquid est formaliter tale in quocunque reperitur est tale. Ideo humanitas non est persona, quia si esset formaliter persona in Christo quoque esset persona, contra Nestorium.

Quarta est communicabilitas quando aliquid communicatur

4-6   *De trin.*, L. V, c. 9, n. 10* (PL 42, 918; BA 15, 448).
8-9   *De duabus nat.*, c. 3 (PL 64, 1343).
9-10   Cf. *De trin.*, all of L. IV (PL 196, 929-948).
17-19 Cf. Lomb., *Sent.*, L. III, d. xxii (PL 192, 802-804).

alteri ut suppositatum suppositanti, ut *verbum caro factum est*. Verbum, id est filius de se est persona, quippe secunda in divinis, et illud caro factum est per assumptionem humanae naturae. Illa certe humanitas non est persona, quia immittitur et communicatur
5 alteri scilicet verbo, ut supposito et personae. Quia si in Christo esset persona, essent in eo duae personae et duo supposita, contra quod Athanasius in symbolo: *Nam sicut anima et corpus unus est homo, ita Deus et homo unus est Christus.* Sicut hic non dicit omnimodam similitudinem, respexit solum ad unitatem, non ad informationem,
10 quia divinitas non informat humanitatem, quemadmodum anima corpus. Leo generat leonem, homo non generat hominem, quia animam non generat homo sed Deus eam creat.

An persona dicatur univoce de divinis et de creaturis? Breviter responde, quod sic. Quia una est diffinitio utrorumque.

15 An persona dicatur absolute vel relative? Haec est materia distinc-
221ᵛ tionis 25. Breviter tamen dic: / *Persona* significat rem relativam et non proprie relationem, sed relationem ut subsistentem seu per modum subsistentiae. Significat itaque non absolute substantiam sed relationem subsistentis, sic salvatur trinitas. Quare persona est
20 absolutum in se. Ad aliud dicit relationem, Augustinus libro 7: *Cum dicimus personam patris, non aliud dicimus quam substantiam patris.* Ad se quippe dicitur persona, non ad aliud, sed pater ad aliud est pater, quia pater est filii pater. Persona vero patris ad se dicitur, quia persona patris non est persona filii.

25 Repetitio

Persona non dicit substantiam, ne dicantur tres substantiae in divinis. Non relationem, quia persona patris non est persona filii sed suiipsius, ut dicit Augustinus. Dicit autem relationem subsistentem seu relationem per modum subsistentiae, ut pater est quidem
30 pater filii, sed non persona filii, verum suiipsius.

Quomodo praedicatur persona de tribus in divinis? Breviter, persona est nomen commune tribus personis, patri, filio, et spiritui-sancto, et de quolibet praedicatur: pater est persona, filius est persona, ita quoque spiritussanctus est persona. Est autem commune communi-
35 tate vocis seu sermonis, non communitate rei sicut essentia divina, quae communis est tribus personis communitate rei.

7-8   Denz. 76*.
21   *De trin.* L. VII, c. 6, n. 11* (PL 42, 943; BA 15, 540).
27-28 Cf. *De trin.*, L. VII, c. 6, n. 11 (PL 42, 943; BA 15, 540).

DISTINCTIO 24: DE NUMERO IN DIVINIS

Primo sciendum quod Magister hic cum sua declaratione non recipiatur quando dicit numerum in divinis nihil ponere sed privare, autore Bonaventura. Et hic tertius locus est ubi eius sententia non recipitur a doctoribus.

Errores Magistri: Primus quando dixit spiritumsanctum esse formaliter charitatem; secunda quando credidit animam separatam a corpore esse personam; tertius hic de numero, qui eum in divinis non dixit esse positive.

Dicimus itaque nos quod numerus positivus sit in divinis, quia est trinitas; pater dicitur persona prima, filius secunda, spiritussanctus tertia.

Sed dubitatur quomodo numerus positive sit in Deo. Dicit Scotus quod in Deo non sit simpliciter positive sed cum additione, scilicet trinitas personarum. Est quidem ambiguum dictum: In divinis noli numerare si non vis errare. Quare Damascenus et Boetius videntur negare numerum in divinis. Sed Iohannes apertissime dicit: *Tres sunt qui testimonium dant in coelo, pater, verbum, et spiritussanctus.* Sed brevibus respondemus quod numerus vere et proprie sit in divinis, tam numerus numeratus quam formalis, et caetera.

Triplex est numerus: est numerus numerans, numerus numeratus, et numerus quo numeramus. Numerus numerans est ipsa anima quae numerat. An autem numerare sit proprium angelo et homini, communiter respondetur quod sic. Gallina non novit numerare, non novit numerum pullorum, licet sentiat si quando unum ex illis perdiderit. Numerus numeratus, ut est tempus, quod numeratur per motum, de quo Aristoteles: *Tempus est numerus motus.* Numerus quo numeramus, ut 1, 2, 3, 4, 5, 6, Et sic unitas non est numerus actu sed potentia est omnis / numerus; de hoc numero nihil ad propositum.

---

9 dixit *scripsi*; (dixit).   1   24 *scripsi*, 25

2-3   Lomb., *Sent.*, L. I, d. xxiv, n. 2 (PL 192, 586).
3-4   Bonav., *Sent.*, L. I, d. xxiv, a. 1, q. 1 (*Bonaventurae Opera Theologica Selecta*, Quaracchi, 1934-, Tom. I, 334).
6-7   Lomb., *Sent.*, L. I, d. xvii, n. 2 (PL 192, 564).
13-14   *Op. Ox.*, L. I, d. xxiv, n. 2 (Vivès 10, 269).
16   Damasc., *De fide orth.*, L. I, c. 13 (PG 94, 851-852).
16   Boeth., *De trin.*, c. 3 (PL 64, 1251).
17-18   I *Ioan.* 5, 7.
27   Arist., *De caelo*, L. I, c. 9 (279^{a}15).

Adhuc duplex est numerus, materialis scilicet et formalis. Materialem adpellat Aristoteles qui caussatur ex divisione continui, et ille non est in divinis. Et certe ille negatur a Damasceno et Boetio esse in divinis quando inquiunt: Illud est vere unum in quo nullus est
5 numerus. Deus autem unus est, ergo in eo nullus numerus est, intellige itaque materialis. Formalis dupliciter capitur, quia per formalem numerum possumus numerum dispositum in suam formam secundum species magnitudinis. Ita dixit Aristoteles: *Bis tria non sunt 6, sed semel 6 sunt 6*. Secundo numerus formalis est qui intelligitur
10 secundum replicationem unitatem; ita intelligitur Aristoteles quando ait: *Idem est numerus decem equorum et 10 hominum*, quia ubique est denarius, licet numerus materialis sit diversae speciei. De ea re latissime Gregorius Ariminensis.

An numerus distinguatur a rebus numeratis? Concluditur breviter
15 quod non. Ad propositum. Est itaque in divinis numerus non materialis neque formalis dispositus in species magnitudinis seu qui est inter essentialiter distincta, sed formalis vere et proprie.

Regula: Nomina numeralia non debent addi in divinis essentialibus, ut non dicimus quod sint tres Dii, tres potentes, tres domini;
20 sed tantum notionalibus et personalibus, ut dicendo tres personae, tres relationes, et caetera.

1-2 Cf. *Phys.*, L. IV, c. 11 (219^{b}4-6).
3-4 Damasc., *De fide orth.*, L. I, c. 13 (PG 94, 851-852).
3-4 Boeth., *De trin.*, c. 3 (PL 64, 1251).
11   Cf. *Phys.*, L. IV. c. 11 (219^{b}4-6); *Metaph.*, L. X (1052^{a}-1059^{a}).
13   Arim., *Sent.*, L. I, d. xxiv, q. 1, a. 2 D; q. 2, a. 2 P, I.

DISTINCTIO 27: CONSTITUTIO PERSONARUM

Diximus supra distinctione 8 quod distinctio non opponatur simplicitati divinae, ita nec pluralitas nec constitutio ipsa, illa enim omnia stare possunt cum summa simplicitate. Secus est de compositione, quae cum simplicitate minime stare potest.

Regula communis: Omnis res mundi distinguitur ab alia formaliter seipsa. Hinc et aliqui volebant quod personae distinguerentur seipsis, pater a filio, filius a spiritusancto. Sed sic dicere in divinis non satisfacit sanctis Doctoribus et patribus, propterea quod non videatur convenire cum sacris litteris. Scotus: *Ubicunque scriptura sacra loquitur de personis exprimit per nomina relativa*, ut est illud: *Ite, baptisantes eos in nomine patris et filii et spiritussancti. Ioan.: Tres sunt qui testimonium perhibent in coelo, pater, verbum, et spiritussanctus.* Ita persona prima in scriptura sacra semper appellatur pater, secunda filius, tertia spiritussanctus. Quare nos dicere oportet personas esse relativas, quia videlicet constituuntur ex relationibus. Hinc est quod in divinis admittatur constitutio. Personae enim constituuntur ex essentia et relationibus originis vel proprietatibus relativis. Relationes originis sunt generatio activa et generatio passiva, spiratio activa et spiratio passiva, quia exprimunt originem et processionem ipsam. Proprietates relativae sunt paternitas, filiatio, et caetera.

Constitutio hic non est sicut totum componitur ex partibus essentialibus. Deus non ita constituitur sicut homo ex anima et corpore. Nec sicut ex partibus integralibus, quemadmodum domus constituitur ex fundamento, tecto, et parietibus. Nec etiam constituitur ut unum per accidens ut est album, quod constituitur ex subiecto et accidente, id est albedine inhaerente; ita nec angelus simplex est sed compositus. Nec etiam sicut est in incarnatione Christi, ubi ex verbo et humanitate constituitur unus Christus, nam ibi divinitas et humanitas distinguuntur realiter. Ad rem ipsam. Assimilatur itaque constitutio in divinis unioni determinabilis et determinationis, quia essentia habet se ut determinabile, relationes ut determinationes.

Corollarium: Constitutio non repugnat simplicitati divinae sicut nec pluralitas nec productionum pluralitas.

---

1   27 *scripsi*; 26.

---

2   *Supra*, p. 41. 12-15.
10-11   *Op. Ox.*, L. I, d. xxvi, q. un., n. 25* (Vivès 10, 315).
11-12   *Matt.* 28, 19*.
12-13   I *Ioan.* 5, 7*.

Quaeritur: Quomodo sub eadem essentia possunt esse plures relationes, ut paternitas, filiatio et caetera? Responsio: Idem illimitatum potest esse fundamentum non solum relationum diversarum sed etiam oppositarum. Exempli gratia, in creaturis paries potest esse fundamentum relationum oppositarum. Potest esse fundamentum similitudinis, comparando eum ad alium parietem similem sibi. Potest etiam fundamentum dissimilitudinis, comparando eum ad alium parietem dissimilem sibi; ita de essentia divina. Sed amplius quaeris et dicis: In constitutione utique fit aliquid unum; nunc lubens scire vellem quomodo ex paternitate et essentia divina fieret unum, scilicet pater. Non reperitur simile omnino in creaturis. Tamen dicitur quod proprie non fit unum, nec per accidens, nec per se, sed fit et est unum subsistens, fit (inquam) unum per identitatem, quia constituentia cum constituto sunt eadem realiter et identice.

DE VERBO: EX DISTINCTIONE 27

Ordo est inter intelligere, dicere, et creare. Intelligere est commune tribus personis; dicere est proprium patri; creare est quo ad extra, id est creatureas. Nam est hoc ipsum *creare* in scripturis
5 sacris est *dicere* ut *Dixit, et facta sunt*. Et illud *dicere* est practicum, non speculativum, quia non solum includit intellectum sed etiam voluntatem. Deus enim caussa est rerum non per scientiam seu intellectum, sed per voluntatem. *Psa.*: *Omnia quaecunque voluit fecit*.
10 De *intelligere* et *creare* nihil ad propositum. Sed *dicere* est propositi nostri. Dicere itaque est exprimere vel declarare verbum; declaratur autem verbo mens et conceptus animi nostri. Duplex est verbum: est enim verbum cordis et verbum oris. Verbum oris est verbum vocale; verbum cordis, verbum mentale. Hic sermo solum nobis
15 erit de verbo mentali, cordis seu mentis. Sic filius in divinis est verbum patris. Hinc est illud: *Misit Deus verbum et sanavit eos*. Iohannes: *Ego sum vox clamantis in diserto*. Gregorius: *Iohannes non erat*
224ᵛ *verbum* | *sed vox clamantis*, id est verbi illius, hoc est filii Dei, qui erat clamans et verbum. Quare dicere est partim notionale, partim essen-
20 tiale, nam includit intelligere, quod est essentiale quia commune tribus personis, et etiam productionem notionalem quia pater dicendo producit verbum. Tamen verbum est nomen mere notionale, seu personale. Et sic secunda persona in divinis habet duplicem nuncupationem, filii scilicet et verbi. Filius dicitur quia procedit
25 per modum naturae, verbum vero quia procedit per modum intellectus, dicitur enim verbum *Ioan*. 1: *In principio erat verbum, et verbum erat apud Deum*. Nec sanctissimus Iohannes primus fuit qui filium Dei nomine verbi appellavit, sed plures ante eum fecisse hoc sacra scriptura testatur. *Psa.*: *Eructavit cor meum verbum bonum*, quod
30 omnes fere exponunt de verbo divino, id est filio Dei. Ita hoc:

---

1   27 *scripsi*; 26 (cf. PL 192, 596).
17 diserto *scripsi*; Deo.

---

5   *Psa.* 32(33), 9.
8-9   *Psa.* 113B (115), 3.
16   *Psa.* 106 (107), 20*.
17   *Ioan.* 1, 23; cf. *Isa.* 40, 3; *Marc.* 1, 3; *Luc.* 3, 4.
17-18 Not located.
26-27 *Ioan.* 1, 1.
29   *Psa.* 44 (45), 2.

Misit Deus verbum suum et sanavit eos. Sapiens *Ecclesi.*: *Fons sapientiae, verbum Dei in excelsis.*

Sicut spiritussanctus appellatur amor, charitas, dilectio, quia procedit per modum voluntatis, nihil autem volitum nisi amatum; ita aequo iure filius appellatur verbum, quia procedit per modum intellectus. Hinc est verbatio (licet inusitatum nomen, quia tamen res plures sunt quam nomina, oportet interdum fingere nomina), id est generatio seu productio verbi, generatio passiva. De illa aeterna filii generatione *Psa.* 1: *Dixi, filius meus es tu, ego hodie genui te.* Item: *Dixit dominus domino meo*; *dixit*, id est produxit. / Dicitur autem filius Dei verbum ob similitudinem quam habere videtur cum verbo nostro, ex illa divi Pauli apostoli regula: *Invisibilia Dei per ea quae facta sunt, intellecta conspiciuntur.* Sicut enim verbum nostrum producitur ab intellectu, verbum (inquam) mentale, non vocale, quod cito transit, ita quoque verbum divinum ab intellectu paterno procedendo dicitur. Tamen, ut alibi, ita etiam hic maior est dissimilitudo quam similitudo. Quia verbum nostrum non dicitur filius noster, quemadmodum verbum patris dicitur filius patris. Ratio est autem huius discriminis, quia filius in divinis generatur de substantia patris (*De hic non dicit distantiam sed consubstantialitatem, quia pater generando communicat filio eandem suam substantiam et essentiam*), ideo verbum patris est filius eius; secus est de verbo nostro, quod non est de substantia intellectus nostri sed accidens, quare nec filius dici meretur.

Item verbum est expressivum, declarativum, seu manifestativum. Hinc Gregorius: *Sermo est nuncius seu interpres mentis.* Et maxime verbum vocale est declarativum, tamen etiam verbum mentale. Quia angeli, animae separatae, et beati declarant mentem suam verbo illo mentali et loquuntur internis locutionibus, quare et sic verbum mentale declarativum est.

Item noticia genita est conditio et proprietas verbi, quare nec pater nec spiritussanctus verbum dici possunt.

Sed Augustinus inquit: *Verbum amore concipitur,* sed amor est spiritussanctus, ergo verbum spiritussanctus est, non filius. Responsio:

---

1   *Psa.* 106 (107), 20.
1-2 *Eccli.* 1, 5.
9   *Psa.* 2, 7.
10   *Psa.* 109 (110), 1; cf. *Marc.* 12, 36; *Luc.* 20, 42; *Act.* 2, 34.
12-13 *Rom.* 1, 20.
26   Not located.
33   *De trin.*, L. IX, c. 7, n. 13 (PL 42, 967; BA 16, 98).

Cum plures sint res quam vocabula, necessum est aliquando ut unum nomen plura significet, ita in proposito. Verbum hic non significat filium in divinis, sed Augustinus accepit ibi verbum pro noticia seu scientia inventa et acquisita multo labore et diligenti studio. Et hoc certe verbum, id est noticia concipitur amore, id est diligentia et studio. De illo itaque verbo imparato et invento intelligendus est hic divi Augustini locus.

3-7   p. 225ᵛ of the ms. includes only five lines of text. The remainder of the page is blank. A new heading begins p. 226ʳ.

[DISTINCTIO 28:] DE INNASCIBILITATE INGENITO

Innascibilitas est notio quinta et notificat patrem. Est autem innascibilitas seu ingenitum non solum quod non nascitur, sed omne id quod non producitur. Et hoc modo innascibilitas non competit spirituisancto.

Cur autem Doctores non posuerunt inspirabilitatem ut innascibilitatem? Respondendum quod sancti patres non ita loqui consueverunt. Potest etiam ratio esse haec: Quia sicut praepositio *in* in dictione *innascibilitas* negat omnem productionem, ita hic quoque eadem ratione negare deberet, et sic filius quoque inspirabilis esset, nec inspirabilitas ei competere posset.

[DISTINCTIO 29:] DE PRINCIPIO

Pater est principium filii; pater et filius sunt principium spiritussancti. Intellectus est principium filii; voluntas est principium spiritussancti. Pater est principium totius trinitatis; pater et filius et spiritus-
5 sanctus sunt principium totius mundi. Isti sunt modi principiorum in divinis, vario tamen modo. Quare et *principium* aequivoce dicitur in divinis. Nam quod pater est principium filii, quod item pater et filius sunt principium spiritussancti, quod pater est principium trinitatis est principium ad intra. Sed quod pater et filius et spiritus-
10 sanctus sunt principium totius mundi, dicitur principium hoc ad extra. Et haec est una aequivocatio.

Secunda aequivocatio est de principio quod et de principio quo. Principium ut quod est principium principians et producens, ut pater est principium ut quod filii; pater et filius sunt principium
15 quod spiritussancti. Principium ut quo sunt intellectus et voluntas divina. Intellectu enim producitur filius, voluntate vero producitur spiritussanctus.

An sicut principium in divinis, ita etiam caussa dicatur? Respondetur breviter quod non. De qua re multa supra diximus. Quae enim
20 diversitatem important non admittuntur in divinis. Caussa autem includit distinctionem essentialem. Nam caussa est ad cuius esse sequitur aliud, aliud autem sequi importat distinctionem realem, quare in divinis non admittitur.

Corollarium: *Principium* potest accipi notionaliter et essentialiter.
25 Notionaliter ut dicendo: pater est principium filii. Essentialiter: pater et filius et spiritussanctus sunt principium unum omnium creaturarum, et totius mundi. *In principio erat verbum*, id est in patre, accipitur notionaliter. *In principio creavit Deus coelum et terram*, id est in filio, accipitur hic essentialiter. Sed quomodo *principium*
30 acceptum essentialiter significat filium cum exponitur, *in principio*, id est in filio *creavit Deus coelum et terram*, cum essentialia sint communia tribus personis? Respondeas hoc modo. Quando *principium* hic significat et notificat filium, hoc est non per proprietatem sed per appropriationem. Licet enim principium ad extra, id est creaturas,

---

8-9 quod pater est principium trinitatis *scripsi*; quod pater et filius, et spiritussanctus sunt principium trinitatis.

---

27 *Ioan.* 1, 1.
28 *Gen.* 1, 1.
31 *Gen.* 1, 1.

sit essentiale et commune tribus personis, appropriatur tamen filio. Quemadmodum sapientia commune est tribus personis, appropriatur tamen filio, qua ratione mox inferius dicetur. Hinc dicitur: *Omnia in sapientia fecisti*, id est in filio. *Tecum principium in die virtutis tuae*:
5 *principium* hic accipitur notionaliter seu personaliter pro Deo patre. *Tecum* ergo, id est cum filio, *principium* id est pater est, *in die virtutis tuae* id est extremi iudicii.

227ʳ   Item pater, filius, et spiritussanctus sunt principium totius trinitatis. Est ibi distributio accommoda; quemadmodum dicendo, *Coelum*
10 *tegit omnia et tamen non tegit seipsum*, ita pater est principium trinitatis et tamen non est principium suiipsius.

---

7   extremi *scripsi*; extremii.

3-4   *Psa*. 103 (104), 24.
4   *Psa*. 109 (110), 3.

DISTINCTIO TRICESIMA: DE RELATIONIBUS TEMPORALIBUS

Relatio temporalis in Deo est eum esse creatorem, dominum, redemptorem, beatificatorem. Non solum itaque in divinis sunt
5 relationes aeternae, sed etiam temporales, id est, quae ex tempore incipiunt praedicari vel intelligi de Deo. Quando itaque dicitur, *In principio creavit Deus coelum et terram*, certe illud non erat creator.

Licet una relatio referatur ad aliam, tamen una relatio non determinat aliam, quia non est motus ad relationem. Abraham genuit Isaac,
10 et ita paternitas Abrahami refertur ad filiationem Isaac, tamen filiatio non determinat, verum magis substantia genita determinat relationem paternitatis. Ita omnis creatura dependet a suo creatore, quare et creator refertur ad creaturam, sed creatura non determinat creatorem, sed magis voluntas divina.

15 Regula Scoti: *Relationes Dei ad creaturas sunt relationes rationis*. Sed non obstante viri tanti authoritate, oppositum verius esse arbitramur, quod scilicet relationes Dei ad creaturas aliquas sint reales; ut creatio, redemptio, glorificatio sunt relationes reales, quia non caussantur per actum comparativum in intellectu ipso, sed etiam
227ᵛ in voluntate divina. / Voluntas autem divina, qua creavit omnia, est realis, et coelum et terra sunt entia realia, neque caussantur per actum comparativum intellectus, quia intellectu humano nondum existente fuit creatio coeli et terrae.

Sunt tamen etiam relationes rationis, quia caussantur per volunta-
25 tem, qua creavit Deus mundum ab aeterno creabilem. Ens rationis non solum extenditur ad intellectum, sed etiam ad voluntatem.

Sicut in creaturis, ita et in divinis dicuntur relationes de Deo sine sui mutatione, per solam mutationem alterius. Deus ab aeterno non fuit creator, et tamen a principio eo quo creavit coelum et
30 terram factus est creator. Sed mutatio haec non facta est in Deo sed in creatura, et hoc sufficit de transitu a contradictorio in contradictorium. Sic quoque contingit in creaturis. Sint duo parietes albi et ita similes. Similitudo est relatio. Fiat alter niger, tunc alter paries albus adhuc existens fit dissimilis parieti nigro facto, certe absque
35 omni sui mutationem. Sed satis est quod alter dumtaxat mutatus sit de albo in nigrum. Scotus: *Fieri cum absolutis dicit factionem simpliciter, in aliis vero id est connotativis dicit factionem secundum quid*. Quare

---

15   *Op. Ox.*, prologi q. 3, q. 2 lateralis (Vivès 8, 1456).
36-37   Cf. *Op. Ox.*, L. I, d. xxx, q. 2, n. 13 (Vivès 10, 457-458).

non sequitur, dicendo, *Deus fit creator*, ergo Deus fit aliquid. Quia cum fit creator fit mutatio in creatura, non in creatore. Ita non sequitur, *verbum caro factum est*, ergo verbum factum est, quia in antecedente fieri dicit factionem secundum quid, in consequente dicit factionem / simpliciter. Pari ratione non sequitur: faber lignarius facit domum, ergo faber lignarius fit aliquid.

Quaeritur hic communiter: An relatio distinguatur a rebus absolutis? Vel an relatio sit accidens distinctum a rebus absolutis? Responsio: Realistae distinxerunt relationes a rebus absolutis; contrarium faciunt et sentiunt Moderni. Averrois: *Relatio est minimae entitatis*. Occam ponit 4 relationes:

1 Unionem formae ad materiam.
2 Unionem accidentis ad subiectum.
3 Unionem partium continui ad invicem.
4 Unionem humanitatis ad verbum in Christo.

Verbum quidem in divinis posset dimittere humanitatem, licet nunquam hoc sit futurum iuxta hanc Damasceni regulam: *Quod Deus semel assumpsit nunquam dimisit*. De facto itaque non est, sed de possibili. Si homo non peccasset, licet anima Christi fuisset, et corpus eius, tamen Christus non fuisset incarnatus. Incarnationis enim Christi, ut omnis scriptura testatur, caussa fuit lapsus et peccatum hominis.

Conclusio: Nulla relatio distinguitur a rebus absolutis.

Propositio 1: Omnis res mundi est absoluta. Illa est divi Augustini libro 7 *De Trinitate*, ut pater licet ad filium sit relativus, tamen ad se est homo. Patius licet ad pretium sit relativus, tamen ad se est argentum. Ita omnis res mundi est aliquid ad se et absoluta. Theorica: Omnis relatio est aliquid, excepto relativo.

Propositio 2: Omnis res mundi est respectiva. Omnis enim res mundi est caussa vel caussata. Item omnis res mundi vel est creatura vel creatrix essentia, id est deitas. Corollarium: Itaque omne respectivum est absolutum.

Propositio 3: Aliquid est respectivum seu relativum per aliquid sibi formaliter inhaerens.

---

26 pretium *scripsi*; praetium.

---

3   *Ioan.* 1, 14.
10   Not located.
11-15 *Sent.*, L. I, d. xxx, q. 4 D, E.
17-18 Not located.
25   c. 1, n. 2 (PL 42, 934; BA 15, 508-510).

Conclusio decisiva: Nihil est relativum seu respectivum per relationem formaliter inhaerentem, ab omni re absoluta distinctam. Gilbertus Porritanus posuit quod relationes in divinis non essent ipse Deus, sed ceu assistentiae essentiae divinae. Verum divus Bernhardus vicit eum in Concilio Reminensi hoc argumento: Omnis res mundi est vel creatura vel essentia creatrix, id est Deus creator. Sed si relationes in Deo non sunt Deus et essentia creatrix, erunt ergo creaturae, quod est falsum et impium dicere. Quare erunt ipse Deus.

Item relationes temporales omnes sunt communes tribus personis, quemadmodum est creator; est enim pater creator, et filius, et spiritussanctus. Sed quare incarnatio non est communis sed terminatur et pertinet ad solum filium, est enim relatio illa temporalis, propria soli filio, cum tamen omnes sint communes: *opera* enim *trinitatis* (inquit Damascenus) *ad extra sunt indivisa*?

Responsio. In incarnatione duo sunt consyderanda, operatio et relatio. Operatio est communis tribus personis, et ita procedit theorica illa Damasceni, *Opera* scilicet *trinitatis ad extra esse indivisa*. Pater enim operatus est incarnationem, et filius, et spiritussanctus. Relatio vero pertinet ad solum filium, quia solus filius univit sibi humanitatem. Sed cur non licet idem dicere de creatione, quoniam (ut inquit Iohannes) *omnia per ipsum* (filium) *facta sunt*? Respondeas: secus est de creatione. Creatio enim terminatur ad aliquid absolutum in Deo, scilicet potentiam et sapientiam, quae communes sunt tribus personis. Incarnatio vero terminatur ad personam filii, dico immediate. Mediate enim Deus dicatur passus, natus, mortuus, per communicationem idiomatum.

3-5   Cf. Denz. 745.
5-8   On the Council of Rheims and its condemnation see Mansi, Tom. XXI, 711-742. Cf. Denz. 745.
13-14 This point is made by Damasc. in *De fide orth.*, L. I, c. 10 (PG 94, 839-840A) *et passim*; Eck's formulation is much closer, however, to Aug., *De trin.*, L. I, c. 5, n. 7 (PL 42, 824; BA 16, 104), and *Contra serm. arian.*, c. 4 (PL 42, 686).
21   *Ioan.* 1, 3.

DISTINCTIO TRICESIMA PRIMA

In divinis sunt aliqua communia personis, aliqua propria, aliqua appropriata. Communia, ut identitas, quo ad substantia; aequalitas quo ad quantitatem (non molis, sed virtutis); similitudo quo ad qualitatem. In distinctione 20 egit Magister de aequalitate personarum. Hic vero agit de aequalitate et similitudine, ut sunt appropriata personis, quia ea dumtaxat quae communia sunt appropriantur certis personis. Ita potentia appropriatur patri, sapientia filio, bonitas spirituisancto. Sed quare potentia appropriatur / Deo patri, cum aeque sit in singulis personis? Respondeas ideo quia videmus in creaturis quod patres respectu filiorum senescentes impotentes fiunt; ne ergo carnales homines talia suspicentur in Deo patre, attribuitur sibi potentia.

Eadem ratione sapientia appropriatur filio. Quia in creaturis videmus quod filii tanquam posteriores patribus de communi cursu sunt minus sapientes, quia (ut dicit philosophus) nemo iuvenes eligit sibi duces. Ideo ne homines ignari isto modo sicut in creaturis vident existimarent filium Dei esse minus sapientem quam patrem, attributa est filio Dei sapientia. Bonitas attribuitur spirituisancto ideo, quia quanto magis quid fluit ab alio, tanto semper in peius fluit, et quanto aqua a fonte magis distat, tanto peior et impurior redditur. Ne itaque spiritussanctus, qui a patre et filio producitur, non adeo bonus esse putaretur ut pater et filius, attribuitur ei bonitas.

Quae est caussa ponendi appropriata? Haec (inquam) est caussa: quia appropriata notificant nobis propria personarum; ut sapientia, quae communis est tribus personis, appropriatur filio, quia notificat nobis proprium filii, quod est verbum. Verbum enim procedit per modum intellectus, sed sapientia pertinet ad intellectum, et caetera.

Magister refert duplicia appropriata, prima ex Hilario, secunda ex Augustino. Hilarius ponit aeternitatem, speciem, et usum. Aeternitas appropriatur patri, species filio, usus spirituisancto. Aeternitas, dico, appropriatur patri quia notificat proprium patris, scilicet innascibilitatem. Aeternum enim est quod non habet principium; pater autem, quia ingenitus est seu innascibilis, non dicitur habere principium, a nullo enim producitur. Quare licet pater sit aeternus, et filius, et spiritussanctus, aeternitas tamen appropriatur patri ex

---

5-6 *Supra*, pp. 67-68.
29-30 Lomb., *Sent.*, L. I, d. xxxi, n. 3-11 (PL 192, 604-607). Cf. Hyl., *De trin.*, L. II, c. 1 (PL 10, 51); Aug., *De trin.*, L. VII, c. 10, n. 11 (PL 42, 931; BA 15, 496).

ratione iam dicta. Species, id est pulchritudo, quae communis est
tribus personis, appropriatur filio, quia ipse splendor, candor, et
imago patris. Imaginis autem est species et pulchritudo, quare ipsa
recte appropriatur filio.

Inter imaginem Dei quae est filius et eam quae est homo eiusmodi differentia est, qualis est inter verum Caesaris filium et eius imaginem nomismati insculptam.

Usus appropriatur spirituisancto quia notificat dilectionem, quae est propria spirituisancto. Uti enim est diligere propter aliud; ita Deus diligit creaturas, nihil enim eorum quae fecit Deus odit, diligit autem eas propter sui bonitatem, *Ego diligentes me diligo*, inquiens. Dilectio autem proprium est spirituisancto; quare usus recte attribuitur spirituisancto, notificat enim dilectionem, ceu spirituisancto proprium.

Augustinus adsignat alia appropriata: *In patre* (inquiens) *est unitas, in filio aequalitas, in spiritusancto unitatis aequalitatisque concordia*. Unitas est appropriatum patri, quia sicut unitas est principium numeri, ita pater est principium trinitatis et omnium creaturarum. Aequalitas attribuitur filio, quia filius genitus est aequalis patri; pater enim gignendo filium communicat sibi eandem essentiam suam identice, quare et filius aequalis est patri suo. Spiritussanctus vero est nexus et concordia unitatis et aequalitatis, quia notificat dilectionem, quae est ei propria.

Alii alia assignant appropriata. Pulchrum est quod plerique ex Pauli apostoli verbis ad Romanos personarum appropriata colligunt quando inquit: *Quoniam ex ipso, et per ipsum, et in ipso sunt omnia*, et caetera; dicentes, *Ex* appropriatur patri, *per* filio, *in* spirituisancto. *Ex ipso* scilicet patre, quia pater est principium totius trinitatis. *Ex* autem dicit principii rationem. *Per ipsum*, scilicet filium, quia *per ipsum omnia facta sunt*: Ioan. 1. *In ipso*, scilicet spirituisancto, quia omnia sunt in spiritusancto sua bonitate omnia conservante.

Sed est difficultas in verbis divi Augustini dicentis, *Filius est*

---

13   spirituisancto *scripsi*; spiritussanctus.

---

11   Prov. 8, 17.
15-16   De doctr. chr., L. I, c. 5 (PL 34, 21; CSEL 80/1, 12.6-8).
26   Rom. 11, 36.
30   Ioan. 1, 3.
32-91.1 De trin., L. VI, c. 10, n. 11 (PL 42, 931; BA 15, 496). Lombard provides the interpretation on which Eck is relying: Sent., L. I, d. xxxi, n. 5 (PL 192, 605).

aequalis patri, sed pater non est aequalis filio, cum tamen appropriata sint essentialia et ita communia tribus personis. Sed dicas breviter, aequalitas dicit duo. Primo dicit aequalitatem extremorum; sic pater est aequalis filio et econverso. Secundo dicit etiam imitationem;
5 tunc pater non aequalis filio, quia pater non imitatur filium ex natura rei, sed magis filius imitatur patrem, quare dicit Augustinus quod filius sit aequalis patri, non autem vice versa.

DISTINCTIO 35: DE SCIENTIA DEI

In hac distinctione 35 agit Magister de scientia Dei, potentia, et voluntate, quae sunt caussa omnium rerum. Pro tanto enim Deus est caussa omnium rerum, quia scit res condere, potest eas condere, et voluit eas condere.

Cognitio Dei est triplex: prima simplicis intelligentiae seu apprehensionis; secunda visionis, tertia approbationis. Simplicis intelligentiae est qua omnia scit et intelligit. Visionis scientia est rerum praeteritarum, praesentium, et futurarum. De hac dixit Moses *Gen.* 1: *Vidit Deus cuncta quae fecerat.* Approbationis est qua Deus cognoscit et videt res tamquam realem existentiam, et insuper adprobat ea tanquam bona. Eiusmodi cognitionem non habuit Christus de quinque virginibus fatuis quas dicit sese non nosse, noticia scilicet approbationis.

Secundo est sciendum quod realiter est una scientia Dei, quae (inquam) est ipsa essentia divina. Est enim scientia nomen essentiale, commune tribus personis. Sicut autem essentia divina est una et simplicissima, ita et scientia una est in Deo. Quae cum una sit et simplicissima, tamen propter varios rerum effectus plura et diversa sortitur nomina. Non tamen scientia est genus ad alia nomina quae sunt providentia, dispositio, praescientia, praedestinatio, et caetera; sed sicut unus terminus plura habet significata, ita scientia Dei in se comprehendit alia sub se nomina.

Scientia itaque Dei primo dicitur providentia, quae respicit gubernationem rerum; quam Epicurus et alii quidam negaverunt de Deo, quare et ἄθει dicti sunt. Talis etiam Plinius fuisse perhibetur. Secundo dicitur scientia Dei praescientia, quae est scientia de futuris tam bonis quam malis. Tertio dicitur dispositio et est de rebus faciendis, qua Deus disponit omnia, utcunque homo praevideat. Quarto dicitur etiam praedestinatio, quae est cognitio Dei de salvandis, de qua Magister pertractat distinctione 40 et 41. Cui contraria est reprobatio, quae est praescientia iniquitatis quorundam et praeparatio eorundem ad damnationem. Ea etiam dicitur praescientia, eam stricte capiendo.

---

9 hac *scripsi*; hanc.

10   *Gen.* 1, 31.
12-14 *Matt.* 25, 12.
31   *Infra*, pp. 109-121.

Item differunt adhuc scientia Dei et sapientia. Quia sapientia est cognitio Dei de rebus altissimis et mysteriis divinis, sed scientia est de rebus temporalibus et humanis.

Habito itaque quod in Deo sit scientia: quia quicquid perfectionis reperitur in creaturis, hoc eminenter est in Deo; sed scire est perfectio in creatura, ergo ea per viam eminentiae est in Deo. Sed quo Deus cognoscit? Intellectu ipso. Intellectus in nobis est principium cognitionis nostrae. Sed in Deo est quasi principium, quia scientia Dei non distinguitur ab essentia divina. Imo ipsa (quoniam est essentiale) est eadem cum essentia et intellectu divino. Cum itaque Deus intelligat et cognoscat intellectu ut quasi principio quo, quaeritur nunc per quid cognoscat Deus? Per quid inquam, ut dicit rationem obiecti. Pro quo notandum quod duplex est obiectum intellectus seu scientiae divinae. Unum est primarium, alterum secundarium. Obiectum primarium intellectus divini et adaequatum est ipsa essentia divina infinita. Sicut enim intellectus divinus infinitus est, ita habet sibi adaequatum obiectum scilicet infinitum, quod est essentia divina infinita. Hinc et Deus est summe beatus, quia semper videt essentiam suam ceu obiectum suum beatificum. Obiectum secundarium sunt creaturae ipsae a Deo cognitae. Item obiectum intellectus nostri habet duplex officium: primo movet potentiam ad actum suum; secundo terminat actum. In Deo secus esse solet. Nullum enim obiectum movet divinum intellectum sed solum terminat, et haec est differentia intellectus divini a nostro.

Item in creaturis obiecta mensurat noticiam et scientiam. In Deo non sic sed scientia in Deo mensurat obiecta. Nostra enim scientia dependet ab obiecto, scientia vero Dei a nullo dependet.

Consectarium: Ea quae communiter attribuuntur scientiae creatae negantur de scientia Dei. Scientia creata dicitur quod sit habitus; scientia Dei non est habitus, non enim acquiritur per demonstrationes ut nostra, quia non est ita discursiva ut nostra, sed est actualis, imo actualissima.

Item scientia Dei etiam in hoc differt a nostra, quia Deus semper actu se intelligit, scientia enim Dei est actualissima qua indesinenter et inaeternum omnia intelligit. Sed intellectus noster est potentialis. Quare recte dixit Aristoteles / de intellectu nostro: *Oportet intelligentem* (creatum) *fantasmata speculari*. Cum itaque obiectum primarium Dei scientiae sit essentia ipsa divina, et secundarium creaturae, quaeritur

---

36-37 Cf. Arist., *De an.*, L. III, c. 7 (431ᵃ14-17).

iam, Quomodo creaturae sint obiectum secundarium divini intellectus? Pro quo notandum quod essentia divina est ratio intelligendi omne intelligibile, quod enim Deus omnia intelligit fit per eius essentiam. Sed quo pacto hoc? Hac ratione: quia essentia divina
5 continet in se rationes omnium rerum creatarum et etiam creabilium. Quare intellectus divinus cognoscit res per suam essentiam, in qua sunt omnium rerum rationes contentae. Sed qualiter et quomodo rationes omnium rerum sunt in essentia divina? Hoc modo. Omnes res creatae sunt vere in Deo, primo *efficienter* et *conservative*, secundo
10 *obiective*, tertio *virtualiter*, quarto *eminenter*.. Diximus primo *efficienter*, quia ipse res omnes creat, et *conservative*, nisi enim Deus res conditas conservaret omnes in puncto interirent.

Theorica: Omnis effectus continetur in sua caussa. *Obiective*, ut iam diximus, non motive sed terminative. *Virtualiter*, id est con-
15 tinenter, quae continentia in se habet *eminentiam*, qua res excellentiori modo continetur in Deo. Omnis enim res virtualiter continetur in Deo. Sic lapis in Deo est efficienter, obiective, virtualiter, et eminenter, id est eminentiori modo. Habet enim esse excellentius in Deo quam in seipso, licet non habeat esse / verius lapidis; quia lapis in
233r
20 Deo habet esse divinum, in seipso habet esse creatum. Item lapis in Deo habet vivere, quod non habet in seipso, *Ioan*. 1: *Quod factum est, in ipso vita erat* et caetera. Quemadmodum domus habet nobilius esse in mente artificis quam ab esse suo, iuxta illud Aristotelis: *Domus ab extra fit a domo ab intra*.

25 Item essentia divina est sicut speculum in quo relucent rationes omnium cognoscibilium, et ita Deus aspiciens essentiam suam videt omnes creaturas et res creabiles. Est autem duplex speculum, naturale primum, secundum voluntarium. Naturale est illud quod representat similitudines rerum naturaliter, et illud non potest non
30 representare eas. Sed speculum voluntarium est quod ostendit similitudines rerum quas vult et non quas habet. Essentia itaque divina est speculum naturale, quia ipsa ex sua infinitate representat et ostendit intellectui divino omnes res creatas et creabiles. Item eadem essentia divina est speculum voluntarium respectu intellectus
35 creati; et quae vult ostendere, ea ostendit, et quae non vult ostendere, ea caelat. Ut angelus Gabriel vidit in essentia divina quod deberet ire ad virginem Mariam et eidem adferre salutationem. Essentia

---
21-22   *Ioan*. 1, 3-4.
23-24   *Metaph*., L. VII, c. 9 (1034ª23-24).
36-37   Cf. *Luc*. 1, 26.

divina ostendit hoc angelo Gabrieli et non alteri, quia essentia divina est speculum voluntarium respectu intellectus angelici. Ita pari modo sancti et electi sciunt et cognoscunt nostras orationes fusas ad se; non cognoscunt eas ex propria natura, sed vident eas in speculo illo
5 voluntario divinae essentiae. Sed quod essentia divina sit speculum voluntarium, quod scilicet occultet quae vult, et ostendat quae
233ᵛ vult, constat ex *Daniele* / ubi loquitur de rege Persarum qui restitit sibi, ubi quilibet angelorum orans pro parte sua restitit alteri, neuter scilicet videns voluntatem divinam, licet viderit essentiam eius, quia
10 Deus caelavit eos. Ex hoc etiam patet quod angeli boni possint velle contrario.

Gregorius: *Quid est quod non videt qui videntem omnia videt?* Id est, videns verbum videt omnia quae in verbo sunt. Haec tamen theorica recipit limitationem. Videt quidem omnia quae in verbo sunt, quae
15 (inquam) verbum vult ipsi ostendere. Quare verbum, id est essentia divina est speculum voluntarium, beatus itaque videns eam non propterea videt omnia quae in mundo fiunt.

Corollarium: Intellectus itaque beatorum etiam habet duplex obiectum, essentiam divinam ut primarium obiectum, et creaturas
20 ceu obiectum secundarium. Beatus Petrus videt essentiam divinam, quae essentia est primarium obiectum visionis illius. Insuper videt creaturas quae sunt in hoc mundo in speculo essentiae divinae, quae sunt obiectum secundarium, sed illas dumtaxat quas illi Deus vult ostendere.

25 Non tamen oportet propterea noticiam Dei vel beatorum esse reflexam, quo modo fieri solet in speculo naturali. Verbi gratia, quando cognosco patrem ea noticia est certa, quando vero cognosco patrem cognoscentem me ea est reflexa; secus est in divinis, quia illa reflexio fit ex parte obiecti et non ex parte actus.

234ʳ Ex praedictis liquet quoque quomodo Deus nihil extra se intelligat, et tamen omnia extra se intelligit. Quia vilesceret si acciperet cognitionem ab alia re: Aristoteles. Sed quo modo? Cum Deus intelligat omnes res creatas quomodo ergo nihil extra se intelligit? Porro Petrus Aureolus nimis innixus huic Aristotelis sententiae negavit

---

10   celavit *scripsi*; caelavit.

7-11   Cf. *Dan.*, c. 10-12.
12   *Dial.*, L. IV, c. 33** (PL 77, 376).
31-32 *Metaph.*, L. XII, c. 9 (1074ᵇ18-20).
34   I was not able to examine Aureole's commentary on the *Sentences*. Paul

Deum creaturas cognoscere. Sed ex praedictis facilis est resolutio. Ita Augustinus libro *85 quaestionum*: *Neque Deus quicquam extra seipsum intuetur, quia omnia cognoscit in seipso.* Essentia enim divina est obiectum primarium intellectus divini, et omnia intelligit in illa, omnia (inquam) extra se per illam intelligit.

An Deus cognoscat aliud extra se? Distinguendum est. Si *extra se* determinat verbum et essentiam divinam, est falsum. Si vero *extra se* determinat aliud et res creatas, vera est et respondetur quod sic.

Et isto modo debet intelligi noticia superintuitiva, quae est qua res non videtur in sui essentia sed in nobiliori representativo. Duplex est noticia, intuitiva, quae est rei praesentis, et abstractiva, quae est rei absentis. Nos itaque habemus noticiam abstractivam de Deo, sancti vero habent intuitivam. Quando vero beatus Petrus vel aliud sanctus videt in verbo eos qui se honorant et venerantur, haec certe noticia non est intuitiva, quia illi non sunt praesentes ipsi, sed magis est superintuitiva qua videt eos non praesenter sed in nobiliori representativo, id est essentia divina.

Corollarium: Noticia superintuitiva quo ad intellectum creatum est melior quam sit intuitiva, secus de Deo.

Aliud corollarium: Sancti videntes orationes nostras in verbo nobiliori modo vident et cognoscunt eas quam si viderent in seipsis et ex propria natura.

Scientia in creaturis mensuratur ex obiecto. Sed scientia in Deo mensurat ipsas res.

Scientia in creaturis acquiratur per demonstrationem. In Deo vero actus est, imo actualissima, et non habitus. Lapis verius esse habet in Deo quam in seipso. In Deo enim habet vivere, esse aeternum, in se vero habet esse solum dependens et esse creatum. Licet verius esse lapidis habeat in seipso, non tamen esse simpliciter. Omnes res et creaturae sunt in Deo non solum secundum scientiam, sed etiam secundum potentiam et voluntatem. Est itaque (ut hactenus multis ostendimus) scientia in Deo et quaecunque perfectiones scientiae reperiuntur in creaturis, illae etiam sunt in Deo, et per viam eminentiae.

---

27 habet *scripsi*; habere.

Vignaux quotes the passage apparently intended by Eck, in *Justification et Prédestination au XIVe Siecle* (Paris, 1934), p. 65, n. 1.
2-3 *Octog. trium quaest.*, q. 46** (PL 40, 30).

[EX DISTINCTIONE 36:] DE IDEIS DIVINIS

Ideae itaque omnium rerum factibilium sunt in Deo, et fuerunt ab aeterno. Porro formulam illam loquendi introduxit divus Augustinus, qui eam accepit a Platone, quem tamen Aristoteles de ideis disserentem saepius repraehendit. Contra vero Franciscus Maronis Aristotelem arguit tanquam falso imposuerit Platoni, facile tamen credendum quod ipse nec Aristotelem intellexerit nec Platonem.

Plato posuit ideam esse quintam essentiam rerum factibilium, quemadmodum imposuit ei Aristoteles, id est esse unum quoddam singulare quod esset pluribus commune, separatum localiter, in aere, et quod mensuraretur tempore, sine materia. Et sic imponit sibi Aristoteles, quod essent quaedam monstra in aere existentia, singularia, separata simpliciter ab omni loco et tempore. Unde si quis poneret eiusmodi ideas esset erroneum. Si vero ponuntur ideae in intellectu maxime divino, sicut Augustinus exposuit Platonem, sic bene ponuntur. Quare recte Augustinus et omnes post eum ponunt ideas, id est rationes aeternas et perpetuas in mente divina, alia enim ratione conditus est homo, alia ratione conditus est equus.

Sunt autem varii modi loquendi apud Doctores sacros de ideis. Nam aliqui ex ipsis dixerunt ideas esse cognitionem Dei, ut Thomas. Alii vero dixerunt ideam esse obiectum cognitum, productum in esse cognito, ut Scotus, quae tamen opinio minus probabilis esse solet. Tertii dixerunt ideam esse ens cognitum ut realiter productum, id quod Aristoteles dicere videtur, quando inquit: *Domus ab extra fit a domo ab intra*. Faber enim lignarius habet ideam, id est imaginem et exemplar fiendae domus in mente sua, quam quidem imaginem seu exemplar Aristoteles hic quoque domum adpellavit, domum (inquam) representative. Quare artifex domum structurus illius imaginem et ideam habet in mente sua. Sed iam quaeritur, ubi formaliter consistat idea domus illius? Respondetur: Primi dicunt cognitionem ipsam artificis in mente sua esse ideam domus. Secundi, domum ipsam productam non quidem realiter, sed in esse

---

3   Aug., *Octog. trium quaest.*, q. 46 (PL 40, 29-31).
5   Maronis, *In quatuor libros Sententiarum*, L. I, d. xlvii, q. 3, a. 2 D-F (Venice, 1520, p. 134^r).
8-11   Cf. Plato, *Timaeus* 51.
11   Cf. Metaph., L. I, c. 6 (1031^a-1031^b).
16-18   Aug., *Octog. trium quaest.*, q. 46 (PL 40, 30).
20   Thomas, *Sent.*, L. I, d. xxxvi, q. 2, a. 1.
22   Scotus, *Op. Ox.*, L. I, d. xxxv, n. 12 (Vivès 10, 553-4).
24-25   *Metaph.*, L. VII, c. 9 (1034^{a}23-24).

cognito, quam tamen postea vult producere. Tertii vero dicunt quod ipsamet domus realiter producta et proposita ante oculos artificis, sit idea. Conveniunt itaque omnes Doctores in ipsa, quod scilicet cognitio Dei aeterna, et quod res creata sit ab aeterno cognita a Deo, sed diversis modis adplicant. Primi enim dicunt quod cognitio Dei sit idea; secundi, quod res creata in esse cognito; tertii, quod res realiter producta et ante oculos posita.

Porro qui ponunt ideam esse cognitionem Dei, illi melius salvant aeternitatem idearum, qui vero res productas, melius salvant pluralitatem idearum. Alia enim ratione conditus est homo, alia equus, alia leo, et caetera; non quidem alia ratione cognitionis divinae, quae una est, sed alia et alia ratione obiectiva secundaria. Idea itaque est ratio seu scientia non simpliciter et absolute, sed in respectu ad res creabiles et producibiles. Secundum divum Thomam quidem est essentia divina in respectu ad res / creabiles et producibiles, secundum Iuniores vero est creatura in respectu ad essentiam divinam. Sed cum essentia et scientia divina sit simplicissima sed plures sunt ideae, videtur, idea non possit esse scientia et essentia divina. Dicas: Essentia divina realiter est res una. Sed quod plures sunt ideae, hoc est comparative vel respective, vel si idea est creatura, non simpliciter quidem, sed comparative ad essentiam et scientiam divinam, inquantum ab aeterno cognita est. Sed quaeritur: Cum filius in divinis sit genitus et spiritussanctus productus, an etiam ideas habeant in mente paterna? Respondeas quod non. Licet ab aeterno sint cogniti in mente paterna, non tamen sunt ideabiles, quia idea respicit res (ut diximus) factibiles et creabiles, filius autem et spiritus licet sint producibiles, non tamen factibiles.

Diffinitio Ideae

Omnis recta institutio a diffinitione proficisci debet. Est itaque idea secundum diversas opiniones diversis quoque modis diffinienda. Quare et conveniens fuit prius inquirere naturam idearum quam diffinire. Omne enim multiplex prius dividendum est quam definiendum.

---

15 producibiles *scripsi*; productibiles.
25 sint *scripsi*; sit.
27 producibiles *scripsi*; productibiles.

14-15 *Sent.*, L. I, d. xxxvi, q. 2, a. 2 *in corpore*; *Summa theol.*, P. I, q. 15, a. 2.
16-17 Occam, *Sent.*, L. I, d. xxxv, q. 5, concl. 1 G; Biel, *Collect.*, L. I, d. xxxv, q. 5, a. 2, concl. 1.

[DISTINCTIO 36]

 Idea itaque secundum Iuniores est aliquid cognitum ex principio effectivo intellectuali, ad quod ipsum aspiciens potest aliquid in esse reali producere. Secundum Thomam vero, idea est ratio aeterna in mente divina, ad quam aspiciens potest aliquid in reali esse produ-
5 cere. Dicit primo a principio *effectivo* propter filium et spiritumsanctum in divinis, qui licet sint producibiles, non tamen effectivi. Cameracensis vero volens / filium et spiritumsanctum habere ideas in mente paterna dixit a principio *productivo*, non *effectivo*. Secundo *intellectuali*, quia hyrundo fabricans sibi nidum non facit illum
10 secundum ideam.
 Licet essentia divina realiter et identice sit idea, non tamen dicitur ideata, qui locus dicitur a coniugatis, quemadmodum dicimus: Petrus habet sapientiam, ergo est sapiens, paries habet albedinem, ergo paries est albus. Non sic Deus habet ideam, ergo Deus aut
15 essentia divina est ideata. Ratio, quia aliquid assumeretur in consequenti quod non esset in antecedente. Sed specialior ratio haec est: Quoniam in illis denominationibus concretivis ubi locum habet locus a coniugatis, accidentia habent subiectum, ut albedo parietem, cui inhaeret. Sed essentia divina non est subiectum idearum sed
20 magis fundamentum, saltem secundum modum nostrum intelligendi.
 Dubitatur primo, quarum rerum sit idea? Secundo, cur ponantur ideae et quae sit necessitas ponendi ideas? Respondetur per negationes. Primo, ideae non sunt ponendae ut sint similitudines rerum creatarum. Secundo, nec sunt ponendae ideae ut sint ratio cognoscen-
25 di creaturas. Sed dicis, tamen Deus cognoscit res per ideas. Respondeas: *Per* praepositio dicit variam circumstantiam, dicendo *video per aerem, per lumen, per aquas, per species visibiles. Video per aerem; per* hic dicit circumstantiam medii. *Video per oculum; per* hic dicit circumstantiam organi. *Per colorem* dicit circumstantiam
30 obiecti terminantis; *per lumen* dicit circumstantiam instrumenti medii. *Per species visibiles*, haec est propinquior caussa. *Deus itaque cognoscit per ideas; per* hic dicit circumstantiam non potentiae, non medii, et caetera, sed dicit circumstantiam obiecti terminantis. Quemadmodum dicendo *video per colorem*, id est video ipsum
35 colorem, isto modo dicimus et concedimus quod Deus cognoscat

---

16 specialior *scripsi*; specialiaor.

1-2 Occam, *Sent.*, L. I, d. xxxv, q. 5 E; Biel, *Collect.*, L. I, d. xxxv, q. 5, a. 2.
3-4 *Sent.*, L. I, d. xxxvi, q. 2, a. 2; cf. *Summa theol.*, P. I, q. 15, a. 2.
9 Cam., *Sent.*, L. I, q. 6, a. 2 (fo. 113ᵛ B).

per ideas, quod tantum est acsi diceres, *Deus cognoscit res creatas vel creabiles*. Quare ad hoc ponuntur ideae, ut Deus inspiciens ad eas producat res in esse reali.

Conclusio: Omnia creabilia incomplexa et positiva ideam habent in Deo. Dicitur *incomplexa* quia complexa contingentia non habent ideas, sed cognoscuntur per determinationem divinae voluntatis. *Positiva* quia privativa ideam non habent in Deo, nec mala vel peccata vel falsitates, sed cognoscuntur a Deo per appositum malum. Quia iuxta Philosophum: *Rectum est index sui ipsius et obliqui*. Non sunt itaque ideae privationum, negationum, neque peccatorum, sed Deus cognoscit ea per ideas bonorum.

Item universalia non habent ideas sed solum singularia, quia solum singularia sunt factibilia et creabilia.

Sed difficultatem faciunt divi Augustini verba quando ait quod ideae sint rationes aeternae et incommutabiles; et quod per ideas aliquid fiat sapiens et beatus, inspiciens eas in Deo. Ad haec verba intelligenda notandum est quod quilibet loquendi modus Doctorum salvat divum Augustinum. Qui enim ponunt ideam cognitionem Dei facile salvant. Licet enim res ipsae sint mutabiles et periturae, tamen ideae rerum illarum sunt aeternae et incommutabiles. Quippe per eas homo fit sapiens et beatus, videns eas in Deo. Praeterea ideae illae sunt adorandae quatenus sunt in mente divina et ipsae identice sunt essentia divina.

Iuniores vero et qui ideas ponunt in creaturis duo in ideis ipsis consyderant: primum est res creabilis vel creatura, secundum vero est cognitio divina. Et ita idea est terminus connotativus et etiam ampliativus, ut album, quod est ens, habens albedinem. Ita idea significat primo creaturam seu rem creabilem, secundo connotat eam ab aeterno a Deo esse cognitam. Quod itaque plures sunt ideae, hinc est, quia multae sunt creaturae et res producibiles. Quod sunt aeternae, hoc tribuitur eis non materialiter, sed formaliter. Quod sunt adorandae, quod illis quis fit sapiens et beatus, hoc est non materialiter, sed formaliter. Est etiam (ut diximus) idea terminus ampliativus, quia pro formali includit cognitionem Dei, et sic ampliatur ad quascunque differentias temporum; ut idea Caesaris significat tempus praesens, antichristi futurum, Balaam praeteritum.

Hactenus de ideis.

---

9 Arist., *De an.*, L. I, c. 5 (411^{a}5-6).
14-16 *Octog. trium quaest.*, q. 46 (PL 40, 30-31).
24-25 E.g., Cam., *Sent.*, L. I, q. 6, a. 3 (fo. cxiii^r-cxv^r).

DISTINCTIO 37: IN QUA PERTRACTAT MAGISTER QUOMODO DEUS SIT IN REBUS CREATIS

[1.] Conclusio communis huius distinctionis: Deus est ubique per praesentiam, potentiam, et essentiam. / Generalis est haec conclusio et ordine optime posita, quod tamen vix unus et alter ponderat. *Ubique* grammaticaliter accipiendo significat omnem locum, id est in omni loco. Accipitur tamen secundum materiam subiectam: *ubique*, id est in omnibus rebus. Dicendo itaque, *Deus est ubique*, aliqui volebant dicere quod hic esset distributio accommoda et non universalis, quod non est. Est vera et universalis distributio: *Deus est ubique*, id est in omnibus rebus, etiam in seipso, et una persona in alia. Quare quaestio est rudium, ubi Deus fuerit ante mundum conditum? Verum est quod non fuerit in aliquo loco, fuit tamen in seipso. Deus itaque est ubique, id est in omni loco et in omnibus rebus.

Primo est ubique per praesentiam, secundo per potentiam, tertio per essentiam. Porro illi tres modi essendi in significati sunt per psalmistam: *Si ascendero in coelum, tu illic es*, per praesentiam. *Si descendero ad infernum, tu odes*, per potentiam. *Si sumpsero pennas meas diluculo et habitavero in extremis maris, tu quoque illic es*, per essentiam. Haec tamen non intelligenda sunt cum praecisione, quia etiam in coelo est per potentiam et essentiam, et in inferno etiam per praesentiam et essentiam, et caetera. Per praesentiam innuitur aperta, clara, et nuda cognitio Dei omnium rerum creandarum. Potentia vero respicit voluntatem Dei, quia *quaecunque voluit, fecit*. In nobis quidem et angelis differt potentia executiva a volitiva, quia non possumus omnia quae volumus. In Deo non est eiusmodi differentia, quia quaecunque ipse vult, facit. Quia autem Deus ubique est per praesentiam, quia cognoscit omnia et omnium rerum ideas habet, et per potentiam, quia res creavit, recte sequitur tertio loco quod sit ubique per essentiam, nimirum pro-/pter suam immensitatem; est enim impossibile quod essentia divina non sit in omnibus rebus creatis. Et hic verus ordo est, quem tamen vix unus et alter consyderare solet.

2. Porro licet essentia divina quo ad intra sit primum, ut saepius

---

1 37 *scripsi*; 36 (Cf. PL 192, 621).

---

35   2 *marg*.
18-20 *Psa.* 138 (139), 8-9*.
25   *Psa.* 113B (115), 3.

iam diximus, tamen quo ad extra secus est, ubi primum non est, sed ultimum. Quia secundum modum nostrum intelligendi primo Deus intelligit res per cognitionem suam, secundo per potentiam suam vult eas producere, et quas vult potest creare, tertio dein loco sequitur ut essentia Dei sit ubique et in omnibus rebus.

3. Deus est in omnibus rebus creatis per potentiam, quia eas creat et efficit, et etiam conservat; quippe quod ipse res caussat et conservat potentiae suae tribuendum est. Melius sane Aristoteles collegisset ex lumine naturali unum Deum esse per viam conservationis quam per viam efficientiae, quia non opus est ut movens semper duret cum moto, sed bene conservans cum conservato. Nisi enim Deus conservaret omnia, statim redirent in nihilum. Quemadmodum Augustinus probat similitudinem sigilli in aqua: quia quamdiu manet sigillum in aqua, tamdiu manet forma sigilli, sed cessante sigillo, figura cessat. Hinc Gregorius ait, *Quia omnia ex nihilo facta sunt, omnia in nihilum redirent nisi per potentiam Dei conservarentur*. Hoc innuit scriptura cum ait, *Omnia in manu tua domine*. Relucet itaque potentia Dei magis in conservatione rerum quam in productione.

Conservatio active non differt a Deo conservante. Et conservatio passiva non differt a rebus conservatis. Quaestio: An sit eadem conservatio, qua Deus conservat mundum ab eius initio, cum ea, qua ipsum conservat usque ad finem? Breviter dicas quod sic. / Cum itaque Deus sit ubique per essentiam, et praesens omnibus rebus, quaeritur, Quo pacto? Respondeas quod non solum per indistantiam, quacunque enim re demonstrata, verum est dicere, *Deus non distat ab hac re*. Sed etiam Deus est praesens rebus per essentiam, quod omnibus rebus illabitur et necessario inest rebus. Necessitate dico non absoluta, sed conditionali. Supposito enim quod sit aliqua res, tunc necessario sequitur quod Deus sit in illa re; sed non necessario absolute, ante creationem enim mundi Deus non fuit neque in coelo neque in inferno, nec usquam erat. Sed erat in seipso. Si enim non fuisset sequeretur eum non esse infinitum, et daretur aliquis locus ubi non esset Deus.

4. Solus itaque Deus per naturam et essentiam est ubique. Hinc

---

6   3 *marg.*   35   4 *marg.*

8-11   *Metaph.*, L. XII, c. 6 (1071ᵇ-1072ᵃ).
13-15   Not located.
15-17   *Moral.*, L. XVI, c. 37* (PL 75, 1143).
17   *Isa.* 64, 8**.

error est maximus haereticorum dicentium, Deus est in sacramento Eucharistiae per potentiam, ergo potest etiam esse in aliis rebus per eandem potentiam. Sed posse esse per potentiam ubique est Deum esse, ergo caro Christi quae est in sacramento Eucharistiae
5 per potentiam est Deus. Negatur consequentia, quod scilicet caro Christi sit Deus, quia corpus Christi non est ubique per naturam et essentiam quemadmodum Deus, et caetera.

De Illapsu

Illapsus est intima praesentia et omnimoda divinae essentiae rei
10 cum potestate et dominio illius cui illabitur. Distinctio 8 secundi *Sententiarum*: *Solus itaque Deus est in rebus per illapsum*. Licet daemones sint quandoque in hominibus obsessis et coexistant animae obsessi, non tamen insunt per illapsum, id est per naturam et essentiam suam, et non plus habent in anima obsessi quam quantum Deus eis per-
15 mittet.

239v 5. Quando *ubique* distribuit res nullam habet difficultatem quin Deus sit ubique, id est in omnibus rebus, sed nonnihil difficultatis est si *ubique* accipitur pro *in omni loco*. Quomodo scilicet Deus sit in loco cum Damascenus dicat quod Deus non sit in aliquo loco?
20 Et divus Augustinus: *Deus nullibi est*. Praeterea Boetius: *Incorporea in nullo sunt loco*. Pro hiis itaque aliisque consimilibus authoritatibus intelligendis, sciendum est quod sit multiplex modus essendi in loco. Copiose eam rem pertractat Eccius in 4 *Physicorum*. Porro primus modus essendi in loco est dimensive vel circumscriptive vel quanti-
25 tative vel commensurative, quae omnia idem sunt, quando videlicet totum est in toto loco et pars in parte loci. Ita maius corpus habet maiorem locum. Ita Augustinus intelligendus est, quod Deus sit nullibi, et caetera. Secundus modus essendi in loco est diffinitive in loco esse. Ita angeli sunt in loco, quod sunt in uno loco, et non in
30 alio. Tertius modus essendi in loco est miraculose, sic corpus Christi est in multis hostiis. Quartus modus essendi in loco est repletive,

---

16   5 *marg.*

10-11   Lomb., *Sent.*, L. II, d. viii, n. 5 (PL 192, 669).
18-19   Damasc., *De fide orth.*, L. I, c. 13 (PG 94, 851-852A).
20   Aug., *Octog. trium quaest.*, q. 20* (PL 40, 15).
20-21   Boeth., *De hebdom.* (PL 64, 1311).
23   *Aristotelis Stagyritae acroases physicae libri VIII Ioan. Argyropilo interprete, adiectis Ioan. Eckii adnotationibus et commentariis* ... (Augsburg, 1518). I was not able to see this volume.

sic Deus est in omni loco. *Ego coelum et terram impleo*, inquit ipse per prophetam. Speciatim tamen Deus est in sanctis his per gratiam imperfectam, in beatis vero per gratiam perfectam et consummatam, quae est gloria. Item est in Christo per unionem hypostaticam. Item est in locis sacratis per sanctificationem; in ministris suis per officium; item in inferno per iusticiam; in coelo per misericordiam, hoc est per relucentiam misericordiae suae.

6. Deus est sphaera infinita cuius centrum est ubique et circumferentia nusquam. Per centrum intelligitur creatura. Sed quomodo creatura est ubique cum solus Deus sit ubique? Dicas, quod Deus sit ubique secundum se totum, sed creatura est ubique secundum suas partes. Circumferentia est nusquam propter sui illimitationem.

Item licet Deus sit in loco, tamen non est locatus nec locabilis, quia esse locatum dicit definitionem et limitationem. Locus potius debet dici esse in Deo quam Deus in loco, quia Deus continet locum et non continetur ab eo. Verius itaque dicitur quod locus sit in Deo quam quod Deus sit in loco. Item Deus est uniformiter in omnibus rebus per praesentiam, potentiam, et essentiam, licet non sit in omnibus uniformiter per effectum. Quare cave pecces, quia Deus videt, Deus est praesens, potens, et caetera.

7. Cum Deus sit ubique, id est in omni loco, cur non dicitur etiam esse in tempore? Ratio: Quia esse in tempore ex modo loquendi dicit mutabilitatem, sed Deus est immutabilis, quare non dicitur esse in tempore. Nec angeli dicuntur esse in tempore sed magis in aevo suo seu aeviternitate. Sed esse in loco dicit quandam stabilitatem et quidem quod proprie convenit Deo.

8. Deus dicitur incipere esse in loco non per mutationem sui, sed per mutationem loci. Ita Deus dicitur esse in coelo. Ita quoque Deus venit ad hominem poeni-/tentem non per mutationem sui, sed per mutationem ipsius hominis ex peccatore in iustum mutati. *Ioan.*: *Ad eum veniemus et mansionem apud eum faciemus*.

Unde est quod Deus magis dicatur esse in coelo quam in inferno, aut alibi? Dicas: Deus dicitur esse magis in loco eo ubi plures habet et excellentiores operationes, et quia coelo dat vitam aeternam, ideo dicitur ibi prae aliis locis esse.

---

8   6 *marg.*   21   7 *marg.*   27   8 *marg.*

---

1   *Ier.* 23, 24*.
31 *Ioan.* 14, 23.

Sequitur itaque ex praedictis, quod per esse in loco nihil accidit Deo, et proprietates loci assignatae per philosophos nihil habent commune cum Deo.

Postremo, cum angelus sit aeternus quo ad durationem, et co-
5 existit omni tempori, cur non etiam est ubique, id est in omni loco? Respondeas: Angelus quod sit aeternus dicit potentiam successivam, sed esse ubique dicit immensitatem actualem, quod angelo non convenire potest.

Anima Christi Omniscia

10 Cum anima Christi, quae creatura est, habeat omniscientiam, quia *Datus est spiritus non ad mensuram*, *Ioan.*, quaeritur an etiam habeat omnipotentiam? Respondeas quod non. Licet enim anima Christi sit omniscia, tamen ut creatura non habet omnipotentiam. Porro cum fecit miracula et alias virtutes operatus est, fecit ratione deitatis suae.
15 Quare autem omniscientia potuit communicari animae Christi ut creaturae, et non etiam omnipotentia? Dicas, ideo, quia scientia dicitur ad intra, omnipotentia vero ad extra.

---

11   *Ioan.* 3, 34**.

[DISTINCTIO 38]

De Infallibilitate Scientiae Dei

An cum infallibili scientia Dei stet contingentia rerum? Respondetur breviter quod sic. Porro Cusanus traditurus rei huius intelligentiam aliquam, quomodo (inquam) cum infallibili scientia Dei stet rerum contingentia, proponit similitudinem de Icone Norinbergensi, qui quoquo sese quis verterit, illum visu sequitur et intuetur, eo tamen immobili perdurante. Eo quoque modo scientia Dei immobili et immutabili existente, nihilominus rerum contingentia stare potest.

Hic duo consyderanda sunt: primo scientia Dei et eius infallibilitas cum rerum contingentia; secundo de praedestinatione in speciali.

Scientia Dei prima est simplicis apprehensionis, et illa est omniscientia. Secunda est visionis, quae est rerum praeteritarum, praesentium, et futurarum, et tantum possibilium (prima est etiam impossibilium). Tertia est adprobationis, qua non solum cognoscit et videt res, sed etiam eas adprobat. Et haec est scientia beneplaciti.

2. Cognitio Dei adhaesiva vel apprehensiva est vel simplicium veritatum vel necessariarum. Corollarium: Veritates contingentes neque includuntur in illis terminis, neque excluduntur.

3. Voluntas Dei ex sui natura prius vult res contingentes quam intellectus eas adhaesive intelligat.

4. Deus est caussa rerum per voluntatem, non per intellectum.

5. Intellectus divinus primo offert voluntati simplicia, per unionem extremorum contingentium. De futuris contingentibus non est determinata veritas, ait Philosophus; secus loquitur theologus.

Conclusio: Scientia Dei est infallibilis et invariabilis, et cum hac stat contingentia rerum. Hinc errarunt philosophi qui negaverunt providentiam Dei, ne cogerentur admittere necessitatem rerum. Stoici adhuc turpius, qui omnia ex necessitate absoluta evenire dixerunt. Rectior itaque est opinio Catholicorum dicentium quod scientia Dei non imponat rebus necessitatem.

6. Licet intellectus divinus prior sit voluntate ex natura et prioritate naturae: hinc filius est secunda persona in divinis, et spiritus-

---

17 Dei *scripsi*; de.

4-9 Cf. *De visione dei* (*Nikolaus von Kues Werke*, Neuausgabe des Strassburger Drucks von 1488, hrsg. Paul Wilpert, Berlin, 1967; Bd. I, 292-338).
24-25 Cf. Arist., *Perih.*, c. 9 (18^{a}27-19^{b}4).

sanctus tertia, ut antea diximus. Secus tamen est in cognitione rerum contingentium, quia ibi voluntas praecedit intellectum.

Conclusio 1: Infallibilitas scientiae divinae est determinatio voluntatis divinae.

5 Conclusio 2: Contingentia rerum fundatur in libera determinatione voluntatis divinae. Quod Deus ab aeterno voluit, potuit nunquam non voluisse.

Quaestio: An scientia Dei sit necessaria? Diximus antea quod contingentia futura habeant determinatam veritatem, scilicet voluntatem divinam. Respondetur itaque, vel necessitate rei, sic conceditur; vel necessitate obiecti, sic negatur. Vel dicatur praescientia Dei est necessaria in se, sed contingens obiective. Boetius: *Deus, et quicquid est Deus, necesse est esse*; sed quia praescientia Dei est essentia divina, ergo est necessaria. Sed contingens est obiectum, ut antichristum
15 esse venturum, papam eligendum, illa contingentia sunt.

242ʳ Dubium: Quia voluntas divina immutabilis est et eam subsequens praescientia, si ergo praedestinatus sum, quicquid egero, salvabor. Ad hoc dubium dicatur per responsionem Scoti ad quemdam agricolam. Duplex est necessitas: Una est necessitas consequentis, id est
20 rei, altera consequentiae. Verbi gratia, *nepos Caesaris est praedestinatus, ergo necessario salvabitur:* si *necessario* dicit necessitatem consequentis est falsa, si vero consequentiae est vera. Ita *sol oritur, igitur dies est*: necessitate consequentiae vera est, sed necessitate consequentis falsa, quia Deus posset tollere diem, etiam orto iam
25 sole.

Simile exemplum dant de aliquo existente in turri et prospiciente in campum in quo multi hinc inde currunt, ipse tamen in turri existens omnes videt, immobilis et invariabilis manens. Materia nihil facit ad necessitatem rerum praeteritarum, ita cognitio nihil
30 facit ad necessitatem rerum futurarum.

Eadem difficultas est salvandi liberum arbitrium cum gratia huius viae, et salvandi liberum arbitrium in rebus contingentibus cum praescientia Dei.

Prima caussa erroris est imaginatio praeteritarum rerum, quod
35 scilicet putant praedestinationem Dei iam praeteriisse.

Secunda caussa erroris est quod ponunt possibile esse in actu,

---

3 Infallibilitas *scripsi*; Infallibilitatis.

12-13 Not located.
18 Not located.

nullo habito respectu repugnantiae; ut antichristus est praescitus, tamen potest salvari, non tamen salvabitur.

Quaeritur: Quomodo voluntas divina potest in opposita? Respondetur: Voluntas divina habet se ad illa opposita non coniunctim et simul, nec successive, sicuti nostra voluntas; sed habet se ad illa opposita disiunctim et divisim.

Ex primo *Coeli*: Ad praeteritum non est potentia. Hinc Hieronymus: *Hoc solo privatur Deus, quod facta non potest facere infecta*, ut antichristus fuit praescitus.

---

7   Arist., *De coelo*, L. I, c. 12 (283ᵇ13-14). Cf. *Eth.*, L. VI, c. 2 (1139ᵇ10-11).
7-8   Hieron., *Ep. xxii ad eustochium* (PL 22, 397). Cf. Thomas, *Sent.*, L. I, d. xlii, q. 2, a. 2, 3, where Thomas interprets Jerome precisely as Eck does here.

242ᵛ [DISTINCTIO 40:] DE PRAEDESTINATIONE

Providentia est de omnibus rebus contingentibus et futuris, etiam de brutis et minimo capillo. Nunc speciatim de praedestinatione. Ea in sacris literis varie exprimitur: aliquando dicitur *propositum*, aliquando *electio*, et saepius *praedestinatio*. Quare primo notandum est quod *praedestinatio* large potest accipi pro quacunque ordinatione. Hic vero accipimus eam ut est ordinatio creaturae rationalis ad vitam aeternam. Item Christus est praedestinatus secundum humanam naturam, ex hac regula: Quando praedicata non conveniunt Christo secundum divinam naturam, sunt ei tribuenda secundum alteram naturam. Hinc dicimus, Deus natus est, passus, mortuus, et ita et praedestinatus, secundum humanam scilicet naturam.

Item hoc nomen *praedestinationis* in significatione illa non reperitur in veteri testamento, sed est nova vox et primum in novo testamento usurpata, quemadmodum *regnum coelorum* et aliae. Et frequens est in Paulo *ad Rom.* 8, ubi trium secundum ordinem meminit, vocationis scilicet, iustificationis, et magnificationis; et illa tria includit praedestinatio seu magis praecedit, ut mox copiosius dicetur.

Vocatio

Obiter hic tamen notandum quod *vocatio* hic apud Paulum et in Evangelio a Christo quando ait, *Multi sunt vocati, pauci vero electi*, aequivoce capiatur. Nam in Evangelio accipitur pro exteriori vocatione, qua boni et mali vocantur in unitatem Ecclesiae; hic vero a Paulo pro interiori motione et efficaci qua soli boni vocantur, quae inquam efficax est, iuxta hoc quod in ore omnium est: *Deus movet omnem hominem sufficienter, sed solos bonos efficaciter*. Porro motio illa alibi dicitur *tractus*: *Nemo venit ad me nisi pater meus caelestis traxerit illum*. Nunc ad propositum.

243ʳ Praedestinatio est ordinatio electionis a divina voluntate intellectualis creaturae ad gratiam et gloriam. Praedestinatio specialior est quam praescientia divina. Paulus *ad Rom.* 8 facit quattuor gradus

---

10   secundum *scripsi*; sunt.
20   Vocatio *marg.*

16-17   *Rom.* 8, 30.
22   *Matt.* 20, 16; *Matt.* 22, 14.
28-29   *Ioan.* 6, 44*.

cum inquit: *Quos praescivit, hos et praedestinavit, et quos praedestinavit, hos et vocavit, et quos vocavit, hos et iustificavit, et quos iustificavit, illos et magnificavit*. Incipit a praescientia, quae anteponitur praedestinationi secundum nostrum intelligendi. Porro hic non accipitur ut in Evangelio quod praecedenti lectione diximus. Cum enim Christus in Evangelio ait, *Multi sunt vocati, pauci vero electi*, loquitur ibi de vocatione externa, qua omnes vocantur ad fidem et ovile Ecclesiae. Paulus vero contractius loquitur de vocatione interna, qua solum iusti et boni vocantur, et haec interna vocatio efficax est. Vocatio externa fit per praedicatores; interna immediate a Deo, quae *impulsus* et *tractus* nominatur, quae est propterea efficax, iuxta illam communem theoricam, *Deus omnes homines movet sufficienter, sed solos bonos efficaciter*. Vocationem illam internam statim sequitur iustificatio, quod certe de externa vocatione non est verum. *Quos* itaque Deus eo modo *vocavit, hos et iustificavit* per gratiam suam et charitatem. Et *quos* ita *iustificavit, hos et magnificavit* per gloriam. Per *magnificationem* itaque secundum Augustinum intelligitur *glorificatio*.

Qui sunt effectus praedestinationis? Aliqui sunt necessarii, aliqui principales. Necessarii sunt praeparatio ad gratiam, ipsa quoque gratia, et opera meritoria. Principales sunt gloria et ipsa beatitudo. Qui vult finem, iuxta Aristotelem, debet et velle media, id est opera bona et gratiam.

Duplex est praedestinatio: una est praedestinatio simpliciter, alia secundum praesentem iusticiam. Praedestinatio simpliciter, qua voluntas divina eligit creaturam ad gratiam in praesente et ad gloriam in futuro. Secundum praesentem iusticiam quando Deus eligit aliquem et secundum praesentem statum ordinat ad vitam aeternam. Exempli gratia, Saul quando erat bonus erat praedestinatus ad vitam aeternam, et si perdurasset, fuisset salvatus. Ita est de Iuda et aliis sentiendum. Porro distinctio in hoc conducit, ut intelligatur Augustini verbum illud: *Si non es praedestinatus, fac ut praedestineris*; intelligitur (inquam) de praedestinatione secundum praesentem iusticiam. Item illud: *Deus plus dilexit Petrum negantem quam Iudam praedicantem et bona facientem*, intellige quo ad praedestinationem simpliciter. Item: Saul habuit ius in coelum quando erat bonus, sed numquam

---

1-3   *Rom.* 8, 29-30*.
6   *Matt.* 20, 16; *Matt.* 22, 14.
16-17 Aug., *De trin.*, L. I, c. 12 (PL 42, 837-838).
21-22 *Pol.*, L. VII, c. 13 (1331^{b}38-39).
31   Not Augustine. But cf. Aug., *In ioan.*, tract. xxvi (PL 35, 1607).

fuit ei redditum quia perdidit illud per peccatum. Habere ius in rem et habere ius in re est modus loquendi apud iureconsultos.

Deus dat bona per media quae disposuit, quibus omissis non vult dare.

De Reprobatione

Hic obiter pauca de reprobatione dicenda. Praescientia itaque accipitur dupliciter: generaliter primo, et complectitur praedestinationem et reprobationem; secundo specialiter, prout pertinet ad damnatos pro sola reprobatione. Paulus accepit generaliter quando dixit: *Quos praescivit*, et caetera. Item reprobatio etiam est duplex: una affirmativa, quae respicit poenam; altera negativa, quae nihil aliud est quam nolle dare gratiam. Quando itaque Doctores loquuntur de reprobatione, quod habeat caussam, / intelligendi sunt loqui de reprobatione affirmativa qua Deus reprobat et punit malos propter peccata. Alias Deus esset tyrannus qui damnaret homines sine caussa, cum iuxta Augustinum, *Deus non sit prius ultor quam aliquis sit peccator*. Caussa ergo reprobationis huiuscemodi sunt peccata. Quando vero dicunt quod reprobatio nullam habeat caussam, loquuntur de reprobatione negativa qua Deus non vult dare gratiam, et illa non habet caussam, sed consistit in mera et liberrima Dei voluntate.

Idem est Deum praedestinasse, praedestinare, et praedestinaturum esse, quia apud eum non est praeteritum et futurum, sed omnia sunt praesentia et significant instans idem aeternitatis.

Regula: Omnis propositio de praeterito vera est et necessaria. Regula haec vera quidem est, demptis duabus casibus. Primus est quando veritas eius dependet a futuro contingenti; ut *Caesaris nepos est praedestinatus* vera est, tamen illa non est vera, *ergo salvabitur*. Secundus casus est quando terminus non incipit pro pluribus supponere quam prius supponebat.

24-29   Paragraph is found on a small strip inserted between 243ᵛ and 244ʳ. The hand is the same.

---

10   *Rom.* 8, 29.
16   *De genesi ad litt.*, L. XI, c. 17* (PL 34, 438; CSEL 28/1, 350.2-3).

DISTINCTIO 41: AN SIT ALIQUA CAUSSA PRAEDESTINATIONIS?

1. Praedestinatio est actus voluntatis divinae, ideo proprie nullam habet caussam. 2. Commodius inquiritur de modo praedestinationis et ipsius ratione quam de caussa; ut Quae sit ratio quod Deus beatum Petrum praedestinarit et Iudam reprobarit? Saepius tamen confunduntur et pro eodem accipiuntur.

Item licet opus bonum sit a libero arbitrio, tamen principaliter est a Deo. Quod autem sit liberum arbitrium probatur ex hoc: *Tolle quod tuum est et vade*; notanter dicit, *quod tuum est*.

Item: Non quia hoc iustum est, ideo Deus hoc vult, sed quia Deus hoc vult, ideo iustum est. Divina enim voluntas, sicut est prima caussa rerum in caussando, / ita est prima lex in obliganda, et propterea quia Deus aliquid vult, ideo iustum est illud. Quod communiter dicitur: *Quicquid est iustum iure poli, est etiam iustum iure fori*.

Corollarium: Deus nullius legibus astringitur, sed solum sua liberrima voluntate.

Item quod Deus praedestinat non facit aliqua ratione necessitante, sed congrua et ratione decentissima.

Ad propositum. Duae sunt opiniones et ambae Catholicae. Prima, quod nulla sit ratio praedestinationis totalis vel in communi, sed sola voluntas Dei liberrima. Paulus: *Non ex operibus nostris, sed secundum suam magnam misericordiam salvos nos fecit*. Item: *Non ex operibus, sed a vocante dictum est, Iacob dilexi, Esau autem odio habui*. Dicitur totalis vel in communi, quia Doctores negantes rationem praedestinationis in generali non negant eam in speciali, cum dicat Christus, *Si vis ad vitam ingredi, serva mandata Dei*, et caetera, et alii plures loci. Augustinus: *Cum Deus opera nostra praemiat, tunc dona sua coronat*.

De Praedestinatione Quaestio: An Sit Ratio Aliqua Praedestinationis?

Circa materiam hanc sunt aliquae Doctorum opiniones. Prima est communis et ceu aliarum regina, quod scilicet nulla sit ratio praedestinationis in communi quo ad totum illud quod ad praedestinationem pertinet, sed tantum in speciali, quo ad unum et

---

9-10	*Matt.* 20, 14.
22-23	*Tit.* 3, 5*.
23-24	Conflation of *Tit.* 3, 5 and *Rom.* 9, 12-13**.
26-27	*Matt.* 19, 17*
28	*Ep. cxciv ad sixtum*, c. 5* *(PL 33, 880; CSEL 57, 190.14-15).
31-113.2	E.g. Thomas, *Summa theol.*, P. I, q. 23, a. 5 *in corpore*.

alterum effectum, quia qui operantur bonum ibunt in vitam aeternam. Et haec est prima conclusio.

Conclusio 2: Licet nulla sit ratio praedestinationis intrinseca, est tamen aliqua extrinseca; seu quod aliis verbis alii dicunt, Licet nulla sit praedestinationis ratio in generali, est tamen aliqua in particulari. Cur Iacob sit electus et Esau reprobatus nulla est caussa intrinseca, nisi liberrima voluntas divina. Est tamen ratio extrinseca: prima scilicet manifestatio bonitatis, potentiae, et gloriae Dei, quemadmodum de caeco nato dicitur, *Ut manifestetur gloria Dei*. Item *Exod.* 9: *Quoniam in hoc ipsum excitavi te, ut manifestetur nomen meum in gentibus*. Secunda ratio extrinseca est perfectio universi. Augustinus: *Si esset mundus in quo non esset malum, certe mundus iste non esset ita perfectus ut noster*. Sed obiicis, Ergo malum est de perfectione mundi? Dico quod sic, / non tamen de per se, sed de per accidens. Quia Deus non sineret fieri mala nisi inde eliceret meliora. Si non fuisset crudelitas Neronis, ubi essent tot aureolae martyrum? In beatis relucet misericordia Dei, in damnatis iusticia eius. Hinc Gregorius ait: *Foelix culpa, quae talem meruit habere redemptorem*; foelix quidem non per se, sed per accidens. Et hic quidem est primus dicendi modus sanctorum patrum et Doctorum. Secundus est alius, qui tamen cum illo priore coincidit. Et est eiusmodi: Praedestinatio habet rationem in generali et non in particulari. Porro quod superiores dicunt caussam extrinsecam hii dicunt rationem in generali. Et quod hii in particulari, illi caussam intrinsecam dixerunt, liberrimam scilicet Dei voluntatem. Augustinus: *Quare hunc trahat et alterum non, noli investigare, si non vis errare*. Ioan.: *Nemo venit ad me, nisi pater meus caelestis traxerit eum*. Item Paulus: *Quem vult indurat, et cuius vult miseretur*. Obiter hic de induratione notandum quod induratio proprie non sit a Deo effective, sed permissive. Quia obdurare nihil aliud est quam Deum non conferre gratiam. Effective vero est ab ipsa mala voluntate hominis non acquiescente bonae motioni divinae. Omnes enim homines Deus movet sufficienter, sed non efficaciter. Qui ergo acquiescit huic

---

9 *Ioan.* 9, 3**.
9-10 *Rom.* 9, 17*; cf. *Exod.* 9, 16.
11-12 *De civ. dei*, L. XXII, c. 1 (PL 41, 751; CSEL 40/2, 582). Cf. *De genesi ad litt.*, L. XI, c. 4-12 (PL 34, 431-435; CSEL 28/1, 342-345).
17-18 Cf. *Missale Sacri Ordinis Praedicatorum*, In benedictione cerei paschalis (Romae, 1933, p. 153).
25 *In ioan.*, tract. xxvi, c. 2* (PL 35, 1607).
26 *Ioan.* 6, 44**.
27 *Rom.* 9, 18*.

motioni divinae, bene huic erit; qui vero non, obduratur, id est subtrahitur ei gratia. Hinc dixit / *Psa.*: *Hodie si vocem eius audieritis, nolite obdurare corda vestra.* Ad propositum. Haec est itaque potissima opinio et ceu aliarum regina, voluntatem (inquam) Dei liberrimam esse rationem praedestinationis; quae probatur ex multis scripturae sacrae locis, maxime divi Pauli *ad Rom.* 8 et caetera; *Sap.*: *Quem Deus despexit, nemo potest corrigere*; *Ioan.*: *A nobis exierunt, quia ex nobis non erant*; dicit glossa, *id est non erant praedestinati.*

Secunda opinio est Pelagii haeretici, qui posuit liberum arbitrium rationem esse praedestinationis, qui omnia tribuit libero arbitrio et gratiam omnino exclusit, quare dictus est hostis gratiae. Falso imponunt protestantes haeresim hanc Catholicis, qui tamen longissime ab ea dissident. Pelagius enim dicebat peccatum originale non posse quemque damnare; item quod homo ex puris naturalibus possit mereri vitam aeternam. Nimis itaque extulit liberum arbitrium et gratiam omnino excludit, quod Catholici minime faciunt, optime scientes hanc Christi sententiam, *Sine me nihil potestis facere.* Quare mendaciter imponitur eis a Lutheranis quod amplectantur hanc Pelagii haeresim.

Opinio tertia hanc breviter ponit conclusionem: quod sit ratio praedestinationis ex parte nostra, non ex parte Dei, quam aspiciens Deus ab aeterno huic vult dare gloriam, alteri non. / Pro conclusione illa deducenda quaedam sunt praemittenda. Primo quidem hic notandum quod duplex sit iusticia Dei: una quae dicitur pia, altera stricta seu rigida. Iustica pia vel ex suppositione est verbi gratia, quando Deus ieiunanti, obedienti, et praecepta eius servanti vult dare vitam aeternam. Stricta vero iusticia est quemadmodum distributiva vel commutativa, requirit aliquam aequalitatem in praemio et merito, et talis non est inter Deum et nos homines, quia Deus praemiat ultra condignum et punit citra condignum. Ita Paulus ait: *Non sunt condignae passiones temporis huius ad futuram gloriam, quae revelanda erit in nobis.* Hinc intelligitur David quando ait, *In conspectu tuo non iustificabitur omnis vivens*; intellige de iusticia stricta. Item alibi cum ait, *In innocentia mea iudica me domine*; petit iudicari certe secundum

---

2-3   *Psa.* 94 (95), 8.
6-7   *Eccl.* 7, 14*.
7-8   I *Ioan.* 2, 19**.
8   *Glossa ordin.*, I *Ioan.* 2, 19.
31-32 *Rom.* 8, 18*.
32-33 *Psa.* 142 (143), 2*.
34   *Psa.* 25 (26), 1**.

iusticiam Dei piam, quemadmodum et Iob inquiens, *Utinam appenderentur peccata mea in statera*. Loci illi non contrariantur, ut apparere posset, si modo recte intelligantur et exponantur. Inquirendo itaque rationem praedestinationis currendum est ad piam iusticiam, non strictam. Item alibi David inquit: *Si iniquitates nostras observaveris domine, domine quis sustinebit*? Praeterea Esaias: *Iusticia nostra est tanquam pannus menstruatus* et caetera. Item: *Si feceritis omnia quae praecepi vobis, dicite quia servi inutiles sumus*. Econtra ait divus Paulus: *Reposita est mihi corona iusticiae, quam dabit mihi dominus in illo die, iustus iudex*.

2. In sacra scriptura opera bona aliquando commendantur. Petrus dicebat: *Oportet nos vocationem nostram facere certam* per bona opera. Item, *Opera illorum sequuntur illos*; Qui bona egerunt, *ibunt in vitam aeternam*. Aliquando etiam extenuantur, ut *Non ex operibus nostris, sed secundum magnam misericordiam suam salvos nos fecit*. Item: *Non ex operibus, sed ex vocante dictum est, Iacob dilexi, Esau autem odio habui*. Quare ad hoc dicendum est quod opera biphariam consyderantur: aliquando ut elicita vel imperata a voluntate, sic certe parum prosunt, sic nullum habent meritum; aliquando vero consyderantur quo ad radicem charitatis ex qua procedunt, sic sunt meritoria et prosunt. Quando itaque a divo Paulo et alibi in scriptura extenuantur, intelligas eam loqui vel de operibus legis vel ut procedunt solum a voluntate. Quando vero sunt aliquid bona opera, hoc maxime est ex radice charitatis. Hinc Gregorius: *Nihil iuriditatis habet in se ramus boni operis quando non procedit ex radice charitatis*. Proinde gratia seu charitas est illud in quo consumitur ratio meriti? Dicas etiam, maxime initialiter et radicaliter, sed perfective ex acceptatione divinae voluntatis.

3. Deus constituit se debitorem nostrum maxime ex pia iusticia, ergo debet nobis vitam aeternam. Sed quomodo constituit se debitorem nostrum? Primo est debitor noster ex conventione. Cum laborantibus enim in vinea convenit dicens, *Ite in vineam meam, et quod iustum fuerit, dabo vobis*. Sed haec / est pia conventio. Secundo Deus

---

1-2   *Iob* 6, 2**.
5-6   *Psa.* 129 (130), 3*.
6-7   *Isa.* 64, 6**.
7-8   *Luc.* 17, 10*.
8-9   II *Tim.* 4, 8*.
11   II *Petr.* 1, 10**.
12   *Apoc.* 14, 13.
12-13   *Matt.* 25, 46.
13-14   *Tit.* 3, 5*.
14-15   Conflation of *Tit.* 3, 5 and *Rom.* 9, 12-13**.
23-24   Not located.
30-31   *Matt.* 20, 4*.

est debitor noster ex repromissione; Deus debet nobis regnum caelorum quia promisit nobis praesertim mandata servantibus. *Iac.*: *Accipiet coronam quam Deus repromisit diligentibus se.* 1 *Ad Tim.* 4: *Pietas habet promissionem vitae.* Semper tamen intelligas de pia promissione. Promissio autem inducit obligationem. Ita distinguenda est scriptura, nec audiendi sunt qui distinctiones damnant, qua re fit, ut in varios incidant errores. In ore omnium est: *Distingue theologorum, excipe iureconsultorum, et recipe medicorum.*

4. Deus est debitor noster ex iure haereditario et gratia adoptionis. Quoniam enim filii sumus Dei adoptivi, ideo potestatem habemus haereditatem nostram petere. Qui enim filius est iure petit haereditatem paternam. Paulus: *Sumus filii Dei, et cohaeredes Christi.* Sicut Christus accepit haereditatem ex natura, ita nos ex gratia. Quod si filius, et haeres per Deum. *Rom.* 8: *Accepistis spiritum adoptionis in quo clamamus Abba, Pater.*

5. Deus est debitor noster iure amicitiae. Vetus verbum est, *Amicorum omnia sunt communia*, et certe hoc habet ius amicitiae. Sed iusti et obedientes mandatis divinis sunt amici Dei, iuxta illud: *Vos dixi amicos meos, si feceritis omnia quae praecepi vobis.* Item: *Ego diligentes me, diligo.* Quare debet illis aeternam beatitudinem, quae iure amicitiae illis / cum Deo est communis. Proinde operantibus bene, mandata servantibus, bonis, filiis Dei et amicis Deus debet vitam aeternam ex conventione, promissione, gratia adoptionis, et iure amicitae. Et haec sunt rationes praedestinationis. Quando itaque Petrus et Iudas fuerunt oblati et ostenti divinae voluntati, Petrus fuit oblatus et praesentatus ceu bene operans, mandata Dei servans, item ceu filius adoptionis et amicus Dei, quare illum Deus ita ordinavit et praedestinavit ad vitam aeternam. Contraria vero omnia fuerunt oblata in Iuda, quare fuit ille reprobatus et praescitus ad aeternam damnationem.

Finalis conclusio: Ex parte praedestinati secundum piam iusticiam aliquando nulla est caussa, aliquando vero est caussa. Exemplum primi in beata virgine Maria, quia de illa verum fuit dicere: *Dominus possedit me initio viarum suarum, antequam quicquam faceret,* et caetera.

---

3 *Iac.* 1, 12*.
3-4 I *Tim.* 4, 8**.
12 *Rom.* 8, 17**.
14-15 *Rom.* 8, 15*.
18-19 Conflation of *Ioan.* 15, 15 and *Ioan.* 15, 4.
19-20 *Prov.* 8, 17.
33-34 *Prov.* 8, 22*.

Quia omnem bonum motum mentis in beata virgine praevenit gratia Dei. Sub eodem membro quidam ponunt pueros iam baptisatos et mox in innocentia decedentes. In aliis vero adultis est ratio praedestinationis, ut diximus.

Ita reprobatio affirmativa habet rationem, sed negativa nullam nisi meram Dei voluntatem. Verbi gratia, Nero quando fuit praesentatus Deo facturus multa mala et scelera, ideo fuit reprobatus a Deo. Deus nullam reprobat absolute sed ex suppositione, supposito enim peccato, homo reprobatur. Pulchrum est / verbum divi Augustini: *Deus non prius est ultor quam sit aliquis peccator.* Hinc consequens est, si homo non peccasset et perstitisset in innocentia sua, non fuisset laesus a bestiis, non perpessus aestum, frigus, famem et caetera, non mortuus, quia illa omnia sunt poenalia et propter peccatum homini inflicta. Quod si non peccasset homo illa non pateretur, quoniam Deus non punit ante peccatum, et insontes. Ita aequus et bonus iudex non debet immediate intendere poenam sed magis inspicere delicta et ob ea homines punire.

Est communis theorica: Nisi esset laesio reipublicae tunc iudices non punirent delicta, sed reservarent tribunali Dei. Hic obiter notandum est, quando dicitur *Exod.* 9 de pharaone, *In hoc ipsum excitavi te, ut nomen meum annuncietur in universa terra*; quod *ut* hic non accipitur causaliter, id est quod annunciatio nominis Dei in universa terra sit caussa reprobationis pharaonis; sed accipitur consecutive, id est quia pharao fuit reprobatus et induratus, ideo consecuta est illa manifestatio gloriae divinae: Damascenus libro 4 capite 20 de dictione, *ut*. Nunc quaestio est, Unde se teneat ratio praedestinationis? An ex parte liberi arbitrii? An ex parte gratiae? Pro huius quaestionis solutione notandum est quod ad opus meritorium concurrant simul gratia et liberum arbitrium. Paulus ait de se: *Plus omnibus laboravi, non ego, sed gratia Dei mecum.* Item alibi: *Dei coadiutores sumus*, quod Augustinus explicans ait: *Si adiutores Dei sumus, aliquid facimus, si nihil fecerimus, Dei adiutores non sumus.* Sed quod est principalius? Dico quod principalius agens in opere meritorio est gratia.

25-26   Damascenus libro 4 capite 20 de dictione, *ut subscr.*

10   *De genesi ad litt.*, L. VI, c. 17* (PL 34, 438; CSEL 28/1, 350.2-3).
20-21   *Exod.* 9, 16**. Cf. *Rom.* 9, 17.
25-26   PG 94, 1193D-1198A.
29-30   I *Cor.* 15, 10*.
30   I *Cor.* 3, 9**.
31-32   *Enarr. in psalm.*, psa. cxliii, n. 6 (PL 37, 1859).

Gratia enim habet sese ad liberum arbitrium, inquit Augustinus, sicut insessor ad equum, auriga ad currum. Opus bonum itaque ex seipso non meretur vitam aeternam, sed inquantum procedit ex radice gratiae et charitatis. Item opus meritorium non includit gratiam ut partem, sed ut radicem.

Authoritates itaque sacrae scripturae et sanctorum patrum quae omnia adscribunt Deo verae sunt quo ad primum agens et caussam principalem, quia prima caussa non agente, nulla secunda agit. Et etiam ad reprimendam superbiam humanam, sacra scriptura passim omnia tribuit Deo. Sunt tamen istae authoritates intelligendae cum praecisione, id est si opera bona praescinderentur a gratia, tunc nihil essent. Non mox ergo sectarium est: divina voluntas est caussa omnium rerum et gratia Dei omnia operatur in nobis, ergo nulla est ratio praedestinationis in nobis, et nos nihil facimus neque operamur boni? Solutio patet ex dictis. Sed recte quaeritur hic: In quo maior sit ratio praedestinationis, in divina voluntate an in praedestinatis? Dico breviter, in praedestinatis, et maxime in acquiescentia bonae motionis. Deus (verbi gratia) utrumque latronem movit, iuxta illam / communem theoricam: *Deus omnes homines movet sufficienter, licet bonos tantum efficaciter.* Sed latro bonus acquievit bonae motioni, alter vero malus reiecit et obfirmavit cor suum; quare fuit reprobatus, bonus vero praedestinatus.

Quando itaque dicitur a Doctoribus quod praedestinatio sit ex gratia Dei, ex voluntate Dei, facile admittimus, quia gratia (ut diximus) est principalius in opere meritorio; per hoc tamen non excluditur liberum arbitrium. Opus enim meritorium est efficienter a libero arbitrio, radicaliter a gratia.

Dominus dabit *gratiam pro gratia*, id est gratiam gloriae dabit pro gratia huius viae: *Ioan*. Item *Zach*.: *Exaequabit gratiam gratiae*, exaequabit inquam, non secundum aequalitatem sed secundum proportionem, qui enim ampliorem habuerit gratiam in hac vita, alibi copiosiorem quoque habebit.

Augustinus: *Initium salutis Deo spirante habemus*. Ita omnia sunt ex gratia. David: *Gratiam et gloriam dabit dominus*, etiam opera ipsa meritoria.

1-2 Cf. Ps. Aug., *Hypognost.*, L. III, c. 11 (PL 45, 1632).
28   *Ioan*. 1, 16.
29   *Zach*. 4, 7.
33   Ps. Aug., *De ecclesiast. dogm.*, c. 21* (PL 42, 1217).
34   *Psa*. 83 (84), 12.

Item divus Paulus *ad Rom.* 9 comparat homines luto, qua re voluit reprimere humanam temeritatem, ne scilicet quis diceret ad Deum, *Cur me fecisti vas contumeliae?* alter, *Cur me fecisti vas honoris?*

Theorica: Omnis creatura est in pura obedientia passiva ad creatorem. Hinc scribitur, *Venti et mare obediunt ei.* Quemadmodum itaque lutum est in pura obedientia ad ipsum figulum, ut ex eo faciet vel calicem vel matulam, vas honoris vel vas contumeliae, ita creatura est ad creatorem. Tamen per hoc non negatur ratio praedestinationis, maxime ex parte materiae, id quod clarius idem Paulus ostendit alibi dicens: *In domo magna* (id est in Ecclesia) *sunt diversa vasa, alia aurea, alia argentea,* ubi clare explicat Paulus rationem praedestinationis ex parte materiae. Superius vero solum assignabat finem, qui est in sola voluntate figuli. Differentia itaque materiae, quod unus sit aureus, alter argenteus, est ratio praedestinationis.

Rationes Aliquae quibus Populus Persuaderi Potest ut Mereatur Vitam Aeternam.

1. Si praedestinatio esset ex solo beneplacito Dei, nullo habito respectu operum, et gratiae, certe praedestinatio ipsa esset manifesta et nulli occultum esset iuditium Dei, contra illud divi Pauli, *O altitudo divitiarum.*

2. Voluntas Dei ab aeterno est ratio rationabilissima, ergo in mirifico actu praedestinationis habet rationem. Eam indicat Augustinus dicens, *Voluntas Dei ex ratione est.*

3. Si praedestinatio esset ex sola voluntate divina sine ratione, iam voluntas divina non esset liberalissima. Cur enim Iudam non praedestinavit? Si dicas, quia noluit, et non sit alia ratio quam voluntas Dei, dico ergo et infero quod voluntas Dei non sit liberalis, quae ex liberalitate sua omnibus debet vitam aeternam.

4. Paulus inquit: *Deus vult omnes homines salvos fieri;* et Sapiens ait: *Deus non concupiscit multitudinem filiorum infidelium.* Sed si vult omnes salvos fieri, ergo omnes vult praedestinare. Quare quod non omnes praedestinantur et salvantur non est ex parte Dei, sed ex defectu

---

25 liberalissima *scripsi*; liberassima.

1-3   *Rom.* 9, 21; cf. *Isa.* 45, 9-10.
6   *Matt.* 8, 27.
10-11   II *Tim.* 2, 20**.
19-20   *Rom.* 11, 33.
23   Cf. *De civ. dei,* L. XXI, c. 5 (PL 41, 746; CSEL 40/2, 523.13).
29   I *Tim.* 2, 4*.
30   *Eccli.* 16, 22.

hominum. Dicitur communiter in scholis theologorum: *Deus vult omnes homines salvos fieri voluntate antecedente, sed non consequente.*

5. Christus dicebat, *Matt.*: *Quoties volui te congregare sicut gallina congregat pullos suos, et noluisti.* Quare statim sequitur reprobatio, quando subditur: *Ecce relinquetur domus vestra deserta.* Et sic nolle ipsius hominis est ratio reprobationis.

6. Ex philosophia discitur quod voluntas recta sit quae est conformis rectae rationi. Cum autem voluntas divina sit rectissima, consequens est, ut sit etiam conformis rectae rationi et nihil faciat praeter rationem.

7. Converti ad Deum est aliqualiter in potestate nostra, ergo et praedestinari est aliqualiter in potestate nostra. Nec tamen excludo gratiam nec etiam motionem bonam quae praevenit voluntatem nostram. *Zach.* 1: *Convertimini ad me, et ego convertar ad vos.* Alibi: *Convertere domine, et | convertemur.* Opus itaque est etiam ut homo faciat quod in se est.

Facere Quod in Se Est

Facere quod in se est Augustinus alicubi reprobat, sed inibi loquitur de natura corrupta et infecta per fomitem, de qua Paulus: *Invenio aliam legem in membris meis repugnantem legi Dei.* Item: *Non quod volo, sed quod nolo, hoc facio.* Ita pariter *Sap.*: *Sensus et cogitatio hominis ab adolescentia prona sunt ad malum.* Hoc modo facere quod in se est est malum et damnabile. Alio modo facere quod in se est, non quod in se est secundum fomitem sed quantum sibi possibile est secundum conatum mentis et motionem bonam, id est acquiescere inspirationi divinae. Et ita Deus nunquam deest homini facienti quod in se est. Et haec est ratio praedestinationis. Et haec sunt de mente Augustini inquientis, *Vasis irae nunquam Deus vellet interitum, nisi homo inveniretur habere spontaneum peccatum.*

---

14 bonam *scripsi*; bona.

4-6   *Matt.* 23, 37-38*.
15   *Zach.* 1, 3*.
16   *Lam.* 5, 21*.
21   *Rom.* 7, 23*.
21-22   *Rom.* 7, 23**.
22-23   *Gen.* 8, 21*.
29-30   Actually *Fulgentius ad monimum*, L. I, c. 26 (PL 65, 174). See *Corpus Iuris Canonici*, Decreti Secunda Pars, c. 23, C. XXIII, qu. 4 (RF I, 907), where this phrase is attributed to Augustine.

Si quaeritur, Cur Deus non dedit gratiam Iudae? dicas, quod Deus obtulit ei gratiam aeque ut Petro. Nam quantum in ipso Deo est, paratus erat et Iudae dare gratiam, sed quod non dedit non est ex defectu Dei, sed magis ex defectu Iudae, qui noluit eam accipere.
251ᵛ Simile pulchrum adducit Anshelmus. / Anshelmus: Si duo praesentantur mihi quorum cuilibet offero pomum, primus accipit, alter non accipit pomum; quod itaque alteri non dederim neque ipse habeat pomum, non potest conqueri de me, neque est culpa mea, sed magis ipsius qui noluit a me accipere pomum. Itaque quoque Iudas repudit
10 gratiam nec eam a Deo offerente accipere voluit, vel suffocavit in se bonum instinctum et motum mentis suae. Et hoc verum est de adultis. Pueris vero, qui nondum bonum mentis motum habere nec ad vocem domini aures obdurare et corda possunt, instituit Deus sacramenta sua, quibus eam gratiam recipiant. Hactenus de
15 scientia Dei.

5-9 *De casu diaboli*, L. III (Schmitt, Vol II, 236-40, especially 240.7-12).

DISTINCTIO 42: DE POTENTIA DEI

Secundum attributum Dei est potentia. Scientia Dei est extensior quam potentia, multa enim scit et intelligit Deus quae non potest. Potentia autem est extensior quam voluntas, multa enim potest Deus quae non vult.

1. Varia est potentia: aliqua est activa, aliqua passiva. Passiva potentia secluditur a Deo Deus enim non patitur, non moritur et caetera. *Omne* in dictione *omnipotentia* non distribuit potentiam ipsam, sed obiectum, ut infra copiosius dicetur. Dicitur enim omnipotens Deus, quia potest omne quod possibile est fieri. Ratio autem cur potentia passiva non sit in Deo sumitur ex illa theorica: *Quia ea omnia quae sunt imperfectionis removentur a Deo*; ita pati, mori, et caetera est imperfectionis, agere vero est perfectionis.

2. Aliqua potentia est perfectiva, aliqua defectiva. Defectiva item proprie non est in Deo et non est proprie potentia, sed magis defectus. Intelligere, diligere et caetera sunt potentiae perfectivae, peccare defectiva. Augustinus: *Corpus non agit in spiritum*. Verum est corruptive, sed potest agere in spiritum perfective, ut cognitio leonis agit in intellectum Iohannis cognoscentis leonem. Sic dicitur leo ut corpus agere in spiritum, id est in intellectum Iohannis, perfective, perficit enim intellectum, vel immutative seu punitive. Sic ignis infernalis agit in animas damnatorum.

3. Potentia distinguitur contra actum. Verum est dictum illud de potentia obiectiva, quare ulterius potentia est duplex, subiectiva et obiectiva. Potentia subiectiva est ipsa materia, quae subiecta est ad ipsas formas recipiendas. Potentia obiectiva est respectu esse, et illud quod non est sed potest esse; ut antichristus est in potentia obiectiva. Porro neutra illarum potentiarum convenit Deo, quia ipse nulli subiicitur, et ipse est. Quare *omne* in *omnipotentia* (ut diximus) non distribuit potentiam, sed solum obiectum.

4. *Posse* tripliciter consyderatur. Primum posse est perfectionis simpliciter, et illud simpliciter tribuitur Deo, ut intelligere. Secundum dicit simpliciter imperfectionem, ut posse peccare, et illud nullo modo convenit Deo. Tertia sunt possibilia, quae dicunt perfectionem sed cum admixta imperfectione; et illa quae sunt perfectionis tri-

---

27 et *scripsi*; est.

---

17   *De genesi ad litt.*, L. XII, c. 16** (PL 34, 467; CSEL 28/1, 402.5-6); cf. *De musica*, L. VI, c. 4 (PL 32, 1166).

buuntur Deo, quae vero imperfectionis nullo modo. Ut ambulare dicit partim perfectionem, quia posse am/-bulare est perfectionis, partim imperfectionem, ut movere unam partem, aliam non. Item caecum facere videntem, mutum loquentem, surdum audire, paralyticum ambulare, haec inquam opera pertinent ad potentiam divinam et deitatem ipsam pro potentia. Licet autem Deus in se hoc non faciat quia dicerent imperfectionem, facit tamen in aliis.

5. Adhuc duplex est potentia Dei: ordinata una, altera absoluta. Potentia Dei ordinata est qua ipse cooperatur creaturis secundum legem communem quam ipsis indidit. De illa Augustinus inquit: *Sic Deus res quas condidit administrat, ut eas proprios motus agere sinat.* Item Deus dat fructus terrae et alia, sed de potentia ordinata. Potentia Dei absoluta est quae non concernit illam regulam communem quam indidit rebus, sed extendit se ad omne illud quod non includit contradictionem fieri. Verbi gratia, quando ignis comburit vestem, est secundum communem cursum et naturam ignis. Sed quod non laesit et consumpsit tres pueros in camino fuit de potentia Dei absoluta. Ita de potentia sua absoluta Deus posset Iudam salvare, quia non implicat contradictionem fieri.

Sed diceres, Si est potentia Dei quaedam ordinata, ergo aliqua est inordinata. Dico quod non. Quicquid enim Deus facit, facit ordinate. Et voluntas Dei est prima regula quod res iusta sit. Quae itaque sunt et fiunt de potentia Dei absoluta non fiunt inordinate, sed ordinate. Quare hic notandum est / quod Deus habeat ordinem in rebus generalem et specialem. Quod ignis comburat et consumat est de potentia ordinata generali. Sed quod idem adiunctus lateri divae Luciae eam non laesit, et tres pueros in camino non consumpsit, fuit de potentia Dei ordinata speciali, quia Deus ita ab aeterno praeviderat. Ita quod asina Balaam loquebatur erat de illo ordine Dei speciali, ab aeterno enim ita ordinaverat.

Conclusio: Solus Deus est omnipotens. Omnipotentia est respectu omnis possibilis fieri. Possibile fieri est omne illud quod non est necessarium, ut Deum esse, nec includit contradictionem fieri. *Contradictio* sola non sufficit, sed oportet etiam addere *fieri.*

Omne itaque in dictione *omnipotentia* non distribuit ipsam potentiam,

---

9 est *scripsi*; et.

11 *De civ. dei*, L. VII, c. 30** (PL 41, 220; CSEL 40/1, 346.20-21).
17 Cf. *Dan.* 3, 94.
29 Cf. *Num.* 22, 28-30.

sed distribuit obiectum, id est possibile fieri: Deus potest omne possibile fieri.

Cum potentia generandi in Deo sit, quaeritur iam, An etiam generandi potentia pertineat ad omnipotentiam Dei? Respondetur: Aliud est habere potentiam generandi et aliud est posse generare. Filius in divinis non potest generare (ut supra diximus), habet tamen potentiam generandi, maxime respectu patris. Dicitur itaque quod potentia generandi non pertineat ad omnipotentiam Dei. Ratio, quia omnipotentia Dei dicitur ad extra, potentia vero generandi est ad intra. Omnipoten-/tia Dei habet pro obiecto omne possibile fieri, modo in divinis nihil fit, sed bene producitur, generatur, et procedit.

Item: Deus omnia potest, ergo potest peccare, mentiri, fallere, mori. Respondetur quod non; quia illa dicunt potentiam defectivam, non perfectivam. Praeterea mori, peccare, et caetera non est posse, sed deficere.

Paralogismi

Omne illud quod est possibile fieri, hoc potest Deus facere, sed peccatum est possibile fieri, ergo Deus potest peccatum facere. Item: Demonstrando furtum Achor dico: Hoc facit Deus et hoc est peccatum, ergo Deus facit peccatum. Respondetur ad illos paralogismos quod maior pariter et minor concedantur, sed negatur conclusio, quia est fallacia dictionis in aequivocatione. Nam *omne possibile fieri* est absolutum quiddam, sed *peccatum* est terminus connotativus, et propterea non bene sequitur. In peccato enim duo sunt, unum materiale, actus scilicet commissus, alterum formale, quod est deformitas et obliquitas ipsius actus.

Iuniores dicunt: In peccato duo sunt, substantia actus primum, alterum carentia iusticiae debitae inesse. Primum facit Deus, secundum non facit. Quare sunt paralogismi; plus enim significatur in conclusione quam sit in praemissis.

Item dubitatum est an Deus possit facere praeteritum non fuisse praeteritum. Et quod Hieronymus inquit: *Hoc solo privatur Deus, quod factum non potest facere infectum, et corruptam non potest facere*

---

15   et caetera *scripsi*; et.

6-7   *Supra*, p. 38.10-19.
20   Cf. *Ios.* 7, 1-24.
28-29   E.g. Occam, *Sent.*, L. I, d. xlvii, q. un. C, D.
33-125.1 *Ep. xxii ad eustochium* (PL 22, 397).

virginem, seu incorruptam. Aristoteles quidem dicit: *Ad praeteritum non est potentia.* De potentia ordinata non est dubium quin Deus non possit.

Sed Doctores ponunt triplex impossibile. Primum est impossibile simpliciter, et est illud quod includit contradictionem fieri, et hoc non respicit omnipotentiam Dei.

Secundum est impossibile per accidens, id est ex colligantia, et obiecto; ut quod Adam non fuerit est impossibile non simpliciter sed per accidens, quia antequam fuit Adam, potuisset eum dominus non fecisse, sed postquam factus est impossibile est eum non fuisse, per accidens.

Tertium est impossibile secundum caussas inferiores, ut quod caecus videat, virgo concipiat, et caetera. Tamen illa sunt possibilia secundum caussas superiores, *Marc.* 10: *Quae impossibilia sunt apud homines, possibilia sunt apud Deum.*

Ad propositum. Licet Deus non possit praeteritum facere non fuisse praeteritum et virginem facere corruptam per accidens, potest tamen simpliciter.

Sed obiicitur: Si Deus non potest corruptam facere incorruptam, ergo non potest omnia facere. Respondetur per divum Augustinum: *Liberis verbis loquuntur philosophi, sed nobis ad certam regulam loqui phas est.* Licet Occam dicat quod Deus faciat peccatum, et Ariminensis, quod tres sint Dii; tamen illae et similes non sunt concedendae, quia sunt offensivae piarum aurium et contra regulam sacrae scripturae. Ita ad propositum. Quamvis verum sit quod / Deus non possit impossibile simpliciter, tamen non propterea concedendum est quod non possit omnia, quia est contra scripturae regulam, ad quam nos loqui phas est.

An Deus possit facere hominem sine anima, leonem sine corde? Dicas quod non. Hinc maximus error haereticorum qui dixerunt Christum non habuisse animam, sed illi divinitatem fuisse loco animae. Error est quia impossibile est quod homo sit sine anima. Praeterea

---

1-2   *De caelo*, L. I, c. 12 (283^{b}13-14). See also *Eth.*, L. VI, c. 2 (1139^{b}10-11)·
14-15 *Marc.* 10, 27**; cf. *Luc.* 18, 27.
21   *De civ. dei*, L. X, c. 23* (PL 41, 300; CSEL 40/1, 484.27 f.).
22   Occam, *Sent.*, L. I, d. xlvii, qu. un. B, D, E.
23-24 But this formulation is rejected in Arim., *Sent.*, L. I, d. iv, q. 1, a. 1 D: ". . . immo haec est potius danda: genuit deum qui non est deus pater. Nec tamen sequitur quod sunt plures dii, quia licet filius non sit deus pater, est tamen deus qui est pater."

ad illud dicitur: Quicquid potest caussa prima mediante secunda potest etiam se sola. Verum quidem est in genere caussae finalis vel efficientis, sed non in genere caussae materialis vel formalis, quia hoc diceret imperfectionem.

5 Ita habet se argumentum: Si Deus potest facere hominem mediante anima ceu caussa secunda, ergo potest et eundem creare se solo sine caussa secunda. Respondendum ut prius, quod dictum hoc dumtaxat intelligatur de caussa efficiente et finali, non de formali et materiali et caetera.

10 Aliud argumentum: Quicquid potest homo, potest Deus, sed homo potest peccare, ergo Deus potest peccare. Paralogismus est, quales fuerunt superiores, et caetera.

Dictum Augustini: *Omnipotentia Dei frangit et vel suspendendo vel supplendo*. Suspendendo, quando ignis non combussit tres pueros 15 in camino ardenti. Supplendo, quando Deus supplet mirabiliter actionem caussae secundae, id quod fecit quando leprosos mundavit, paralyticos sanavit, 4 milia hominum paucis panibus et pisciculis in
255ʳ deserto pavit, costam Adae in mulierem aedificavit. Est autem caussam suspendere nihil aliud quam Deum ad caussam non concurrere,
20 iuxta illam theoricam: Prima caussa non agente, nulla secunda agit.

Cur Gabriel dixit, *apud Deum non est impossibile omne verbum*, et non *omne factum*? Respexit ad rationes ideales, quae sunt veri conceptus in mente divina, et secundum quas Deus res creat. Huc igitur respiciens dixit *omne verbum*, id est omnis idea in mente divina. Vel est
25 hebraismus, verbum apud eos rem significans. *Omne verbum* itaque est omnis conceptus verus et non fictus in mente divina, ut diximus. Vel *omne verbum*, id est omnis res quae non implicat contradictionem fieri.

Cur Deus non potest impossibile? Dicas quod non sit defectus 30 in Deo, sed in re ipsa.

---

12 fuerunt *scripsi*; fuere.

13-14 Not located.
21   *Luc.* 1, 37*.

[DISTINCTIO 43:]
AN DEUS POTUISSET RES ALITER FACERE QUAM FECIT?

Respondeas quod sic; quia cum res futurae sint contingentes et determinantur ad unam partem per voluntatem divinam, divina autem voluntas contingenter determinat illam partem; potest ergo et in oppositum. Potuisset itaque Deus res aliter facere quam fecerit. Patet hoc idem de Ezechia rege aegrotante, cui Deus per angelum dixit: *Dispone domui tuae; hodie enim morieris, et non vivas*. Tamen ad lachrymos et preces eius Deus suspendit sententiam, et prolongavit illi vitam adhuc ad 15 annos. Ita ad Ninivitarum poenitentiam et conversionem Deus mutavit sententiam suam. Dicitur autem Deus mutare sententiam suam in effectu, in se enim / non mutatur. Prima itaque sententia de Ezechia rege et Ninivitis non fuit diffinitiva, sed suspensiva. Debuissent enim mori si non impetrassent per preces vitam diuturniorem.

Quaeritur de Lazaro: Si fuit in inferno, quomodo inde revocari potuerit, cum inde nulla sit redemptio? Si vero in limbo, cur revocatus sit, cum fuerit de beatis? Respondeas: Licet communiter Deus ferat sententiam diffinitivam in morte alicuius, tamen non semper hoc facit, situm est quippe hoc in ipsius voluntate et potestate. Potest enim sententiam eam suspendere, ita potuit facere cum Lazaro.

7-10   IV *Reg.* 20, 1-6.
8   IV *Reg.* 20, 1*.
10-11 *Ion.* 3, 1-10.
16   *Ion.* 11, 1-44.

[DISTINCTIO 44:]
AN DEUS POTUISSET MUNDUM FACERE MELIOREM?

Distinguunt hic Doctores. Consyderando mundum simpliciter concedunt ipsi quod potuisset eum facere meliorem, sed consyderando respective secundum proportionem, negant. Mundus enim in tam bona harmonia et concentu creatus est, ut in meliori fieri nequeat. Sed salva Doctorum authoritate, debemus Deo attribuere quicquid possumus, immo satius est ei aliquid attribuere excedendo quam detrahere minuendo. Quare non debemus omnipotentiam Dei intra nostrae intelligentiae angustias cohercere. Dicimus itaque libere quod Deus potuisset mundum facere meliorem, et secundum se totum et secundum partes et secundum meliorem concentum atque harmoniam.

Item: Si Deus crearet mundum in quo nullum esset peccatum, an esset melior et perfectior quam mundus iste? Responsio patet ex praecedentibus. Mundus quidem in quo Deus nulla permitteret peccata esset bonus, sed in quo permittit peccata fieri est melior, non per se, sed per accidens, ex illa divi Augustini theorica: *Deus non permitteret mala fieri, nisi ex illis sciret elicere meliora*. Proinde dicunt Doctores quoque quod mundus iste calamitosus, vallis lachrymarum, et in statu lapso, perfectior sit quam fuerit in statu innocentiae. Gregorius: *Abel esse non vult, quem non exercet malicia Cain*. Abel non esset adeo perfectus et Deo gratus, si non fuisset Cain.

Sed si infers, Ergo monasterium quo sunt etiam mali monachi melius et perfectius est quam in quo solum boni fuerint, negatur consequentia; quia Deus ex malis potest elicere bona, id quod abbas in monasterio non potest. Quare et ipse diligenter curare debet ut monachos bonos habeat, et malos non permittat.

Gregorius: *Foelix culpa, quae talem meruit habere redemptorem*. Culpa foelix non de per se, sed de per accidens et occasionaliter, quia si Adam non peccasset, Christus non fuisset incarnatus.

Quod autem peccata et huius mundi mala faciant ad decorem et perfectionem universi non quidem per se sed per accidens, accipe

---

23   adeo *superscr.*

1-4   E.g. Thomas, *Sent.*, L. I, d. xliv, a. 2.
18-19   *Ench.*, c. 11 (PL 40, 236).
22   *In evang.*, L. II, hom. xxxviii* (PL 76, 1286).
29   Cf. *Missale Sacri Ordinis Praedicatorum*, In benedictione cerei paschalis (Romae, 1933, p. 153).

eiusmodi simile. Sicut poculum ligneum et fractum, postea vero circulo aureo circumdatum, multo praeciosius redditur et perfectius quam prius erat, licet integrum; ita est de huius mundi malis, ex quibus Deus elicit multa bona. Sane Paulus fuit scyphus ligneus
5 integer, postea fractus quando persequabatur Ecclesiam, tandem tamen circumdatus circulo aureo post conversionem, longe speciosior et praeciosior factus est quam fuerit prius.

---

4 scyphus *scripsi*; cyphus.

[DISTINCTIO 45:] DE VOLUNTATE DIVINA

David inquit: *Magna opera domini, exquisita in omnes voluntates*. Sunt itaque plures voluntates, quare de hiis distinguendum est.

Licet una sit Dei voluntas, sunt tamen plures in effectu.

Cum Christus docuit nos orare, *Fiat voluntas tua*, posset quis statim obiicere, Quid orandum est? Cum sive ores, sive non, voluntas Dei fiat sive impleatur, velis (inquam) nolis, Dei voluntas semper fit et impletur. Ad huius rei solutionem itaque notandum est hoc modo. Possumus loqui de voluntate ut est *potentia*, sic habemus potentiam volitivam; ut est *actus*; et ut est *obiectum*. Et voluntas ut accipitur pro obiecto, ea est voluntas signi. Duplex est itaque voluntas: una / efficax, quae et beneplacitum dicitur, et operatio. Alia est voluntas signi. Porro voluntas dicitur signum per illam communem: *Saepe signata nominibus signorum appellantur*. Quemadmodum testamentum dicitur extrema morientis voluntas, id est signum extremae voluntatis.

Augustinus: *Nihil est adeo in potestate voluntatis, atque ipsa voluntas*, id est volitio seu actus ipse voluntatis.

Item: *Quis potest resistere eius voluntati*? intellige efficaci. Sed quod peccatores resistant voluntati divinae, sciendum quod efficax sive beneplaciti voluntas duobus modis consyderatur. Primo generaliter, ut obedire praeceptis Dei, et ita resistunt. Secundo modo specialiter, quod placet Deo efficere et operari, et hoc modo nemo resistere potest.

De Voluntate Signi

Sunt autem signa voluntatis divinae quinque, quae hoc versu comprehenduntur: *Praecipit et prohibet, permittit, consulit, implet*. *Praecipit*, per quod intelliguntur praecepta Dei affirmativa, ut *Unum crede Deum, Sabbata sanctificate, Honora patrem et matrem* et caetera. *Prohibet*, ea sunt praecepta negativa seu prohibitiva: *Non sis fur, moechus* et cetera. *Permittit*, de permissione divina infra plura. *Consulit* sunt consilia divina; quae et quando obligant infra quoque. *Implet*, ea est impletio et operatio. / Porro signum illud postremum est signum voluntatis efficacis, quia nihil potest fieri, Deo nolente.

---

2   *Psa.* 110 (111), 2.
5   *Matt.* 6, 10.
17 *Retract.*, L. I, c. 21** (PL 32, 620; CSEL 36, 104).
28-31 *Exod.* 20, 3-16.

Non quaecunque Deus permittet, illa vult, permittit enim mala quae tamen non vult; de permissione divina inferius mox dicetur.

Consilium Dei non obligat nisi ad non contemnendum, qui enim contemnerent consilium Dei contemnerent voluntatem Dei. Paulus: *De virginibus praeceptem domini non habeo, consilium autem do, tanquam misericordiam a Deo consecutus.* Virginitas itaque consulta est, non praecepta, ita religio.

An teneat iuramentum quo quis iurat se non velle ingredi religionem, fieri sacerdotem, vel simile? Responde quod non teneatur quis hoc iuramentum servare, quia qui ita iurat praecludit viam spirituisancto.

An aliquis possit interroganti dissuadere religionem? Respondeo, Si dissuaderet ex contemptu religionis male faceret, contemnendo consilium Dei. Si vero dissuaderet non ex contemptu, sed ex aliis circumstantiis, quod scilicet ordo sit difficilis, quem non posset ferre, in hoc non male faceret. Ita Gerson sese excusat in foro conscientiae. Ad improbantes consilia divina recte potest dici: *Non me, sed te proiecerunt.*

Ultimum signum est *implet*, quod est obligatorium: *Fiat voluntas tua*. Obligatur homo ut sibi placeat impletio operationis divinae, debemus enim nos divinae voluntati conformare.

3. Est communis et solemnis distinctio divinae voluntatis in voluntatem scilicet antecedentem et consequentem. Voluntas antecedens dicitur etiam voluntas secundum quid. Subsequens vero dicitur voluntas simpliciter. Distinctio haec est Damasceni, libro 2 capite 29, quam ipse primus invenit. Paulus ait: *Deus vult omnes homines salvos fieri.* Propheta: *Deus non vult mortem peccatoris, sed magis ut convertatur et vivat.* Sed dicit mox aliquis: Tamen non omnes salvantur; *Multi sunt vocati, pauci vero electi*, et alia pleraque habemus scripturae exempla, ubi Deus vult mortem peccatorum. Respondet Damascenus: In prioribus scripturis loquitur textus de voluntate Dei antecedente, in

---

4   contemnerent *scripsi*; contemneret.

5-6   I *Cor.* 7, 25*.
16   *Regulae morales*, regula xxxv (*Opera*, Du Pin, ed., Antwerpiae, Tom. III, 84).
19-20   *Matt.* 6, 10; *Luc.* 11, 2.
25   *De fide orth.*, L. II, c. 29 (PG 94, 967-970).
26-27   I *Tim.* 2, 4*.
27-28   *Ezech.* 33, 11**.
28-29   *Matt.* 20, 16; *Matt.* 22, 14.
30-132.1   Dam., *loc. cit.*

posterioribus vero de voluntate Dei subsequente. *Deus vult omnes homines salvos fieri* voluntate antecedente; vult enim eis dare omnia media, gratiam, naturalia bona, ut possint consequi vitam aeternam. Sed quod negligentes eam gratiam et perversos vult damnare fit ex voluntate Dei subsequente scilicet mala opera et peccata hominum. Ea enim voluntate cuilibet vult dare iuxta merita vel demerita sua. Hinc etiam intelligitur ratio praedestinationis ex parte nostra. Item: *Quoties volui te congregare sicut gallina congregat pullos suos, et noluisti?* Voluit certe Deus filios Hierusalem congregare, voluntate scilicet antecedente. Sed quia noluerunt, ideo (ut sequitur) *domus eorum relinquetur deserta*; ecce voluntas Dei subsequens, qua vult eos deperire. Voluntas antecedens proprie non est voluntas, sed quasi quaedam velleitas. Sicut praeceptor vellet discipulum suum bene proficere est voluntas ante-/cedens, sed quia discipulus non vult discere, praeceptor certe propterea vult eum etiam corrigere, voluntate subsequente. Augustinus non habuit hunc modum loquendi, sed habuit alium. *Deus vult omnes homines salvos fieri*, ut sit *distributio restrictiva*. Quemadmodum Deus *illuminat omnem hominem venientem in hunc mundum*, illuminat omnem hominem, id est qui illuminatur, ille a Deo illuminatur. Ita *Deus vult omnes homines salvos fieri*, id est omnes illi qui salvi fiunt, a Deo utique salvi fiunt. Item idem Augustinus dicit quod sit distributio pro generibus singulorum, non pro singulis generibus. Ut *omnia traham ad meipsum* id est de generibus singulorum.

De Permissione

Permissio respicit in genere malorum. Praeceptio est bonorum, prohibitio est malorum, consilium est supererogationum. Deus permittit male; An Deus etiam velit mala? Respondetur quod non, quia Deus non est autor malorum. Deus vult mala fieri, Deus vult mala non fieri: utra est neganda, quia si Deus vellet nullum malum fieri, certe nullum malum fieret. Non sunt contradictoriae, quia ibi negatum

---

16, 18   hunc *scripsi*; huc.
30   contradictoriae *scripsi*; contradictatoriae.

1-2   I *Tim.* 2, 4*.
8   *Matt.* 23, 37*.
10-11   *Matt.* 23, 38.
16-23   *Ench.*, c. 103 (PL 40, 280-281).
17   I *Tim.* 2, 4*.
18-19   *Ioan.* 1, 9.
20   I *Tim.* 2, 4*.
23   *Ioan.* 12, 32.

[DISTINCTIO 45]

est de praedicato, illae itaque ambae sunt affirmativae. In contradictoriis vero una est affirmativa, altera negativa. Sed est contradictio in terminis, malum fieri, malum non fieri et illae non possunt quoque de eodem verificari. Sunt itaque ita prosequendae: Deus vult malum fieri, Deus non vult malum fieri; illae sunt contradictoriae.

Permissio non est quid inferius ad voluntatem, ideo non tenet consequentia, sicut in aliis signis: Deus prohibet furtum, ergo Deus non vult furtum. Secus de permissione, Deus permittit mala, ergo Deus vult mala, non recte. Ita etiam de consilio non tenet consequentia.

Permissio est quadruplex. Primo accipitur *permittere* pro non punire. Hoc permittitur, id est non punitur. Ita dicitur: *Moses permisit libellum repudii*, id est non punivit. 2. Accipitur *permittere* pro non prohibere, et illud potest esse de bono. Ita apostolus permisit, ut possint ducere uxores inquiens, *Hoc autem secundum indulgentiam dico*. Permisit certe non ut malum. 3. *Permittere* est non cohibere, ita Deus permittit mala, furta, adulteria, id est non cohibet. 4. *Permittere* est dare licentiam in malo, et illud non convenit Deo.

Ad Deum itaque pertinent tres priores permissiones, quarta excluditur a Deo. Sciendum quod essentia permissionis dicit tria secundum Doctores. Primo scientiam, quae in permissione includitur. Secundo requiritur noluntas (ut ita dicam), quia qui aliquid permittunt, dissentiunt et nolunt illud fieri. Tertio accedit velle reflexum super ipsam noluntatem. Verbi gratia, Iudas furatur. Christus permittit, quia scit eum furari; item habet noluntatem, quia nolit eum furari; habet etiam velle reflexum super ipsam noluntatem, quia si non vellet, posset eum cohibere. Item aliud est quando loquimur de permissione divina et humana. Ratio diversitatis est: Quae enim Deus permittit mala, [1.] ratione universi permittit, ut dictum est. 2. Propter electos, qui merentur per mala et tribulationes. Gregorius: *Abel esse non vult, quem non exercet malicia Cain*. 3. Propter manifestationem gloriae Dei. De homine non est simile. Si diceret rex quispiam, Deus permittit furta, homicidia, et caetera, cur ego quoque non permitterem? non sequitur. Deus ex malis potest elicere bona, non item rex. Potens cohibere mala et non cohibens (inter homines maxime) culpatur,

---

23   nolunt *scripsi*; nolint.

12-13   *Marc.* 10, 4.
15-16   I *Cor.* 7, 6*.
30-31   *In evang.*, L. II, hom. xxxviii* (PL 76, 1286).

nisi faceret pro vitando maiore periculo vel malo. Princeps non debet permittere adulteria neque modis primo, secundo, tertio.

Sed obiicis: Tamen permittit lupanaria in civitatibus contra legem divinam. Videtur ergo male facere et peccare. Sed dicas: Permittit pro maiore malo vitando, et ita non peccat. Augustinus: *Tolle prostibula, et omnia replebis meretriciis.*

Sed si permittit magistratus huiusmodi lupanaria, saltem in hoc peccat, quod consentit. Dicas quod magistratus non consentiat ex ratione permissionis, quae includit non velle, vellet enim magistratus quod non essent lupanaria. Quando vero episcopus dat tollerantiam suis sacerdotibus cum concubinis, et accipiunt pecuniam, ipsi maxime peccant.

Augustinus: *Non fit aliquid, nisi omnipotens Deus fieri vellet vel nolendo vel ferendo.*

---

6 *De ord.*, L. II, c. 4, n. 12** (PL 32, 1000; CSEL 63, 155.5-6).
13-14 *Ench.*, c. 95** (PL 40, 276).

[DISTINCTIO 48:]
DE CONFORMITATE HUMANAE VOLUNTATIS AD DIVINAM VOLUNTATEM

Primo sciendum quatuor aut quinque esse species voluntatis. (Graeci quidem posuerunt tantum unam voluntatem in Christo, quare ut haeretici sunt damnati). Primo est voluntas naturalis, 2. sensualis, 3. intellectiva secundum inferiorem portionem rationis, 4. intellectiva secundum superiorem portionem rationis, 5. quaedam est voluntas pietatis seu commiserationis.

Non quod ego volo, sed quod tu vis. Propter illam authoritatem oportet hunc loquendi modum habere. Christus non voluit pati secundum volentatem naturalem, qua res cupit servari inesse. Neque secundum voluntatem sensualem, quae refugit dolorem. Neque secundum voluntatem secundum inferiorem portionem rationis, quia dicebat alibi: *Tristis est anima mea usque ad mortem*; si tristis fuit, ergo noluit, quia / tristicia nobis nolentibus accidit. Voluit ergo pati secundum voluntatem intellectivam secundum superiorem portionem rationis.

Propositio prima: Non sufficit voluntatem humanam conformari voluntati divinae in volito, quia sic voluntas Pilati fuisset conformis voluntati Christi.

Propositio 2: Sed neque illa conformitas requiritur seclusa revelatione. Pater meus infirmatur, et Deus vult eum mori, ego non teneor me conformare divinae voluntati nisi mihi revelatum fuerit, tunc utique debeo conformari.

Propositio 3: Conformitas humanae voluntatis ad divinam requiritur, quod velit quod Deus vult eam velle. Deus autem vult quod ego velim vitam patris mei, licet ipse nolit.

Corollarium: Deus aliquando obligat voluntatem humanam ad aliud quam quod ipse vult, hoc est, ad illud quod ipse non vult; ut praecipiendo ipsi Abrahamo ut imolaret filium suum, quod tamen ipse nolebat. Ita hic: *Dispone domui tuae, hodie morieris, et non vives*; qui tamen postea vixit 15. annos Item: *Nemini dixeritis*, cum tamen volebat ut omnibus dicerent.

---

10 *Marc.* 14, 36*.
15 *Marc.* 14, 34; *Matt.* 26, 38.
30 *Gen.* 22, 1-12.
31 IV *Reg.* 20, 1*.
32 *Matt.* 8, 4*.

HUCUSQUE D. IOHANNES
ECCIUS PIAE RECORDATIONIS

1-2   Last two lines of 260ʳ, written in a different but contemporary hand.

INDEX OF CITATIONS FROM SCRIPTURE

References indicate the page and the first line where the passage from Scripture is cited. The index includes both verses quoted exactly and verses to which Eck merely alludes.

Genesis
1,1	33.17; 48.6; 71.17; 84,28; 84.31
1,26	28.1; 28.9
1,31	39.35; 92.10
3,24	71.17
8,21	120.22
22,1-12	135.30

Exodus
3,14	40.6; 71.30
9,16	113.9; 117.20
20,3-16	130.28

Numeri
22,28-30	123.29

Deuteronomium
6,4	60.27
6,5	17.7

Iosue
7,1-24	124.20

IV Regum
20,1-6	127.7
20,1	135.31

Iob
6,2	115.1

Liber Psalmorum
2,7	47.14; 81.9
25 (26),1	114.34
30 (31),23	71.23
32 (33),9	59.19; 80.5
44 (45),2	80.29
72 (73),20	28.19
83 (84), 12	118.34
94 (95),8	114.2
103 (104),24	85.3
106 (107),20	80.16; 81.1
109 (110),1	81.10
109 (110),3	29.18; 85.4
110 (111),2	130.2
113B (115),3	21.27; 54.15; 80.8; 101.25
129 (130),3	115.5
138 (139),8	101.18
142 (143),2	114.32

Proverbia
8,17	90.11; 116.19
8,22	116.33

Ecclesiastes
7,14	114.6

Liber Sapientiae
11,21	27.6

Ecclesiasticus
1,5	81.1
16,22	119.30

Isaias
9,6	62.7
40,3	80.17
45,9-10	119.1
52,14	27.4
64,6	115.6
64,8	102.17

Ieremias
23,24	104.1

Lamentationes
5,21	120.16

Ezechiel
33,11	131.27

Daniel
3,94	123.17
10-12	95.7
10,10	39.14

Ionas
3,1-10	127.10
11,1-44	127.16

Zacharias

1,3	120.15
4,7	118.29

Malachias

3,6	30.6

Matthaeus

6,10	130.5; 131.19
8,4	135.32
8,27	119.6
16,16	61.24
19,17	112.26
20,4	115.30
20,14	112.9
20,16	109.22; 110.6; 131.28
22,14	109.22; 110.6; 131.28
22,20	28.25
23,37-38	120.4
23,37	132.8
23,38	132.10
25,12	92.12
25,26	115.12
26,38	135.15
28,19	78.11

Marcus

1,3	80.17
4,34	71.21
10,4	133.12
10,18	39.35
10,27	125.14
12,36	81.10
14,34	135.15
14,36	135.10

Lucas

1,26	94.36
1,37	67.25; 126.21
3,4	80.17
11,2	131.19
17,10	115.7
18,19	39.35
18,27	125.14
20,42	81.10

Iohannes

1,1	18.5; 48.5; 80.26; 84.27
1,3-4	94.21
1,3	18.7; 33.18; 88.21; 90.30
1,9	132.18
1,14	18.10; 18.13; 58.21; 87.3
1,16	118.28
1,23	80.17
3,34	105.11
5,7	73.35
6,44	109.28; 113.26
9,3	113.9
10,29	34.19
12,32	132.23
14,10	65.27
14,23	60.22; 104.31
15,4	116.18
15,15	116.18
15,26	57.12
16,14	57.15
16,15	67.29

Actus Apostolorum

2,34	81.10
7,53	61.15
10,34	56.21

Ad Romanos

1,20	51.17; 81.12
7,23	120.21
8,15	116.14
8,17	116.12
8,18	114.31
8,29-30	110.1
8,29	111.10
8,30	109.16
9,12-13	112.23; 115.14
9,17	113.9; 117.20
9,18	113.27
9,21	119.1
11,33	119.19
11,36	90.26

I Ad Corinthios

3,9	117.30
7,6	133.15
7,25	131.5
13,10	20.15
15,10	117.29

I Ad Timotheum

2,4	119.29; 131.26; 132.1; 132.17; 132.20
4,8	116.3
6,16	44.29

II Ad Timotheum

2,20	119.10
3,16	16.1
4,8	115.8

	Ad Titum		II Petri Epistula	
3,5	112.22; 112.23; 115.13; 115.14	1,10		115.11

	Ad Philemonem		I Iohannis Epistula	
20		2,19		114.7
		3,2		70.12
	Iacobi Epistula	5,7		76.17; 78.12
1,12	116.3		Apocalypsis	
		14.13		115.12

INDEX OF NAMES

Names which appear in Eck's text are cited by page and line numbers. In a case where the text is general (for example, "Doctores") and a specific name appears only in the *apparatus fontium*, I have cited the page and line number of the general reference and added *a*.

References to the Introduction, in which the lines are unnumbered, list page numbers only; a number followed by *n* indicates that the name appears in a footnote on the page of the Introduction that is cited.

Where a reference extends over several lines of text I have indicated only the first line.

Abel   128.22, 133.31
Abraham   16.2, 86.9, 135.30
Achor   124.20
Adam   71.18, 125.8, 126.18, 128.31
Aegidius Romanus   68.9a
Albertus Magnus   29.7, 46.32
d'Alençon, Edouard   23.29a
Ambrosius   25.19
Anselmus Cantuariensis   121.5
Ariminensis, Gregorius   11n, 19.11a, 77.13, 125.22
Aristoteles   19.11, 43.9, 47.12, 64.6a, 65.30, 68.26, 71.4, 76.27, 77.2, 93.36, 94.23, 95.32, 97.4, 97.24, 100.9a, 102.8, 106.24a, 108.7a, 110.21, 125.1
Arrius   21.5, 41.4, 51.7, 69.4
Athanasius   56.29, 64.32, 75.7
Augustinus, Aurelius   13, 18.15, 19.3, 21.29a, 22.14, 22.22, 22.23a, 25.8a, 27.1, 28.29, 29.9, 29.16a, 43.30, 44.30, 46.3, 47.21, 52.26, 52.36, 54.24a, 57.5, 59.15, 59.21a, 60.16, 60.21, 62.2, 62.17, 64.11, 64.21, 64.27a, 67.15a, 68.5, 70.29, 72.3, 75.20, 81.33, 87.24, 88.13a, 89.30, 90.32, 96.2, 97.3, 100.14, 102.13, 103.20, 110.17, 110.30, 111.16, 112.28, 113.11, 113.24, 117.9, 118.1, 118.33, 119.22, 120.19, 120.28, 122.17, 123.10, 125.10, 126.13, 128.18, 130.17, 132.16, 134.5, 134.13
Aureolus, Petrus   95.34
Averroes   69.16, 87.10

Balaam   100.36, 123.29
Bernhardus   88.4
Biel, Gabriel   19.11a, 23.24, 42.26a, 98.16a, 99.1a

Boetius   24.3, 34.25, 35.9a, 36.13, 37.18a, 39.27a, 44.3a, 46.12, 48.11, 74.8, 76.16, 77.3, 103.20, 107.12
Bonaventura   9, 10n, 11n, 76.4
Brandt, August   3n
Brulifer, Stephanus   23.29
Bucer, Martinus   2, 3, 3n

Cain   128.22, 133.30
Cameracensis, Petrus de Alliaco   18.3, 41.8, 42.26a, 64.30, 68.14a, 99.7, 100.24a
Camertes, Iohannes   1n
Caphrus, Lucas   1n
Castiliensis, Alphonsus   71.34 (Zamorensis)
Christus   34.19, 39.34, 57.16, 61.24, 74.34, 75.5, 78.28, 87.15, 87.19, 92.12, 103.4, 104.4, 105.9, 109.8, 109.22, 110.5, 112.26, 116.12, 116.12, 116.13, 120.4, 125.31, 128.31, 130.5, 133.24, 135.5, 135.11, 135.20
Concilia Ecclesiae
   Florentinum   56.5
   Reminense   88.5
   Nicaenum   56.10
Contarini, Gasparo   4, 4n
Cusanus, Nicolaus   106.4
Cyrillus Alexandrinus   56.29

Damsacenus, Iohannes   21.28, 54.24a, 56.29, 59.21a, 64.27a, 67.15a, 76.16, 77.3, 87.17, 88.14, 103.19, 117.25, 131.25, 131.30
David   28.20, 29.18, 54.15, 71.23, 114.32, 115.5, 118.34, 130.2
Denzinger, Henricus   56.3a, 56.5a,

INDEX OF NAMES

58.3*a*, 64.33*a*, 65.1*a*, 75.7*a*, 88.3*a*, 88.5*a*
Dialectici 24.34, 70.14
Dionysius Areopagita 25.21, 27.9, 42.34, 71.12
Doctores 9*n*, 10*n*, 16.21, 16.33, 19.24, 20.12, 25.31, 28.18, 30.16, 31.15, 33.3, 34.18, 40.13, 42.11, 49.16, 56.28, 58.34, 61.10, 61.30, 62.9, 64.30, 65.13, 65.28, 68.9, 78.9, 83.6, 97.19, 111.12, 112.25, 113.20, 118.23, 125.4, 128.7, 128.20, 133.20
Duns, See Scotus, Iohannes Duns
Durandus de Sancto Portiano 41.22

Eccius, Iohannes 1-13, 15.2, 40.8, 48.11*n*, 103.23, 136.1
Eck, Simon Thaddeus 4*n*
Ellenbog, Nikolaus 4, 4*n*
Epicurus 92.25
Esaias 115.6
Esau 112.24, 113.6, 115.15
Ezechia 127.7

Farnese, Alessandro 3, 3*n*
Flach, Georgius 4, 4*n*
Florentinum, See Concilia Ecclesiae
Friedensburg, Walter 2*n*, 3*n*
Fulgentius 64.20*n*, 120.29*n*

Gabriel angelus 94.36, 95.1, 126.21
Galatinus, Petrus 72.1
Gerson, Iohannes 131.16
Gilbertus Porritanus 88.3
Graeci 56.5, 56.10, 56.28, 57.18, 73.11, 135.5
Grammatici 40.30
Gregorius Ariminensis
  See Ariminensis, Gregorius
Gregorius Magnus 49.20, 80.17, 81.26, 95.12, 102.15, 113.17, 115.23, 128.22, 128.29, 133.28
Greving, Joseph 3*n*, 8*n*, 10, 11, 11*n*, 12

Hieronymus 1*n*, 57.2, 108.7, 124.33
Hierusalem 132.9
Hilarius Pictaviensis 24.3, 57.2, 58.29, 69.4, 89.29
Holcot, Robertus 33.14, 44.15*n*

Iacob 112.24, 113.6, 115.15
Icon Norenbergensis 106.6

Ingolstadt 2
Ioachim de Flora 33.5
Iob 115.1
Iohannes Baptista 80.17
Iohannes Damascenus
  See Damascenus
Iohannes Evangelista 18.4, 49.9, 73.35, 76.17, 80.27, 88.21
Iserloh, Erwin 11, 11*n*
Iudaei 60.26
Iudas 110.29, 112.6, 116.24, 119.25, 121.1, 123.18, 133.23
Iuniores 19.11, 29.8, 41.21, 42.16, 42.26, 68.14, 71.29, 98.16, 99.1, 100.24, 124.28

Karlstadt, Andreas Bodenstein von 6*n*
Kleinhans, P. A. 72.1*a*

Lazarus 127.16
Logici 71.10
Lombardus, Petrus 5, 6, 18.14, 19.2*a*, 21.2, 24.3*a*, 26.5, 33.5, 56.28*a*, 57.1*a*, 63.16, 65.26, 74.17, 76.2, 89.5, 89.29, 90.32*a*, 92.2, 92.31, 101.1, 103.10*a*
Lucia diva 123.26
Lucifer 53.14
Luther, Martin 7, 7*n*
Lutherani 114.18

Macedonius 51.8
Mansi, J. D. 88.5*a*
Maria, beata virgo 8, 8*n*, 9*n*, 23.24, 67.25, 94.37, 116.33
Maronis, Franciscus 97.5
Maximinus 68.8
Metzler, Johannes 2*n*, 3*n*, 4*n*, 6*n*
Moderni 87.10
Moore, George Foote 72.1*a*
Morone, Giovanni Cardinale 2*n*, 4*n*
Moses 1*n*, 16.3, 23.24, 33.17, 39.35, 92.9
Munich 1

Nero 113.15, 117.6
Nestorius 74.35
Nicaenum
  See Concilia Ecclesiae
Ninivitae 127.10
Norenbergensis, Icon
  See Icon Norenbergensis

Occam, Guillelmus de 11*n*, 19.11*a*,

INDEX OF NAMES

20.20a, 28.22a, 29.8a, 42.26a, 68.3, 68.14a, 70.28, 87.11, 98.16a, 99.1a, 124.28a, 125.22
Occamists 11, 11n
Ottobeuren 4

Parisio, Pierpaolo Cardinale 4n
Paulus apostolus 15.33, 19.26, 20.15, 23.24, 44.29, 51.17, 81.12, 90.25, 109.16, 109.21, 109.32, 111.9, 112.22, 113.26, 114.6, 114.30, 115.8, 115.20, 116.12, 117.29, 119.1, 119.9, 119.19, 119.29, 120.20, 129.4, 136.4
Pelagius 7, 7n, 114.9
Petrus apostolus 20.24, 41.33, 53.15, 54.2, 56.17, 56.19, 61.22, 95.20, 96.14, 110.33, 112.6, 115.10, 116.24, 121.2
Philippus apostolus 65.27
Pilatus 135.19
Plato 97.4
Plinius 92.26
Pole, Reginald Cardinal 4n
Porchetus de Salvaticis 72.1
Protestantes 7, 7n, 114.12

Ratisbon 2, 3, 3n
Realistae 11n, 87.9
Regensburg
See Ratisbon

Reminense, Concilium
See Concilia Ecclesiae
Richardus de Sancto Victore 20.1, 33.10, 40.3, 56.33, 74.9
Rischar, Klaus 11, 11n, 12

Sabellius 21.5, 41.5, 69.5
Salicetus, Iohannes 4n
Saltzer, Ambrosius 1n
Saul 110.28
Schauerte, Heinrich 11n, 12
Scotus, Iohannes Duns 8, 10, 10n, 11n, 19.33, 36.24, 41.32, 42.10, 42.17, 42.27, 68.9a, 70.13, 76.13, 78.10, 86.15, 86.36, 97.22, 107.18
Seniores 29.7
Stoici 106.29

Thomas de Aquino 10, 10n, 12, 29.7, 30.13a, 40.13a, 41.22, 41.32, 42.18, 57.18, 61.10a, 61.30a, 68.9a, 97.20, 98.14, 99.3, 108.7a, 112.31a, 128.1a

Vignaux, Paul 10, 11, 95.34a
Vitus Theodoricus
(Veit Dietrich) 3n

Wiedemann, Theodor 2, 3n, 6n
Wilhelm, Duke of Bavaria 3
Wolph, Erasmus 3, 3n, 4n

INDEX OF PRINCIPAL SUBJECTS

References are to page and line numbers. Where a subject is treated *in extenso* the reference is to the first line in which it appears.

Subtopics under each entry are normally listed in the order in which they appear in the text.

Acceptatio divinae voluntatis, 115.26
Actus referentes et non referentes, 19.11
Aequalitas personarum, 64.2; An pater coaequetur filio, 64.30; An tres personae sint aequales in potentia, 67.1; Aequalitas et similitudo in personis, 89.2; Quomodo filius sit aequalis patri, non autem vice versa, 90.32
Aeternitas, 46. 12
Aeternum quadrupliciter accipitur, 46.13
Amor Dei duplex accipitur, 54.8
Angelus non adeo simplex ut Deus, 21.18; Cur angelus non est ubique, 105.4; Angeli non dicuntur esse in tempore, 104.24
Appropriata et propria trinitatis, 26.24, 29.13; personarum, 89.24; ex Hilario, 89.30; ex Augustino, 90.15
Attributa divina, 42.33

Beati habent theologiam in se, 16.21; necessario sunt beati, 20.29; Cognitio Dei apud beatos, 23.13, 24.3; Intellectus beatorum habet duplex obiectum, 95.18

Caro Christi non est Deus, 103.5
Caussa in divinis, 84.18
Charitas: facit hominem Deo specialiter esse acceptum, 61.19; augescit sed non minuitur, non remittitur, 61.27; increata et creata, 61.34; infusa et acquisita, 61.35; Spiritussanctus non est charitas nostra formaliter, 63.16
Christus: Caro Christi non est Deus, 103.5; anima Christi omniscia, 105.9; An anima Christi habeat omnipotentiam, 105.10
Circumincessio, 65.25
Coactio: Libertas non excludit necessitatem sed coactionem, 53.5
Cognitio Dei: apud beatos, 24.3, 23.13; apud viatores, 23.21, 25.1; finita et infinita, 24.9; superintuitiva, 49.17, 96.10
Communicabile, 22.31
Communicabilitas, 74.23
Compositio: repugnat simplicitati divinae, 21.9; ex hiis et cum hiis, 21.12
Conceptus de Deo: simpliciores et perfectiores, 25.30
Conformitas humanae voluntatis ad divinam voluntatem, 135.2
Consilium Dei, 131.3
Constitutio personarum, an opponatur simplicitati divinae, 78.1
Contingentia rerum, an stet cum infallibili scientia Dei, 106.3
Conventio, 9, 9*n*, 115.29
Creatura: De esse creaturarum, 39.30; Quomodo creaturae sunt obiectum secundarium divini intellectus, 94.1

Debitor: Deus debitor noster ex pia iusticia, 115.27
Deus, 16.2; solus simplicissimus, 21.21; summe et infinite cognoscibilis, 23.2; genuit Deum, 30.34, 31.29; genuit alium Deum, 32.7; actus purissimus, 39.2; De esse Dei, 39.29; De immutabilitate Dei, 44.24; De necessitate in Deo, 53.5; De omnipotentia Dei, 67.16; An numerus sit positivus in Deo, 76.2; Relationes temporales in Deo, 86.1; An Deus cognoscat per ideas, 99.25; Quomodo Deus sit in rebus creatis, 101.1; Deus est ubique per praesentiam, potentiam, et essentiam, 101.3, 104.17; Deus est sphaera infinita, 104.8; Cur non dicitur Deus esse in tempore, 104.21; Deus magis dicitur esse in coelo quam in inferno aut alibi, 104.32; Apud Deum non est praeteritum aut futurum, 111.21; Deus debitor noster

ex pia iusticia, 115.27; Solus Deus est omnipotens, 123.31
Distinctio: formalis, 10; De speciebus distinctionis: rationis, 42.1; formalis seu ex natura rei, 42.1; realis, 42.19; essentialis, 42.22; rationis ex parte rei rationantis, rationis ex parte rei rationabilis, 41.22; De distinctione in divinis, 40.17, 43.15
Donum: Quomodo spiritussanctus intelligitur esse donum, 62.2; An filius sit donum, 62.17

Episcopus, 70.21
Esse Dei et creaturarum, 39.29
Essentia divina: an generet essentiam, 33.1; speculum naturale et voluntarium, 94.25
Eucharistia, 103.2

Facere quod in se est, 7, 120.18
Filius Dei: non dependet a patre, 22.27; an sit de substantia patris, 34.18; de generatione aeterna, 46.2; an mittatur ad extra invisibiliter, 60.3; visibiliter semel missus est, 60.10; an sit donum, 62.17; an habeat ideam in mente paterna, 98.22
Frui et uti, 19.9, 20.17
Fruitio: large et strictius usurpatur, 19.20; ordinata et inordinata, 19.30; viae et patriae, 20.10; beatifica passive in voluntate, 20.20

Generatio: Generatio et spiratio Dei productiones ad intra, 22.1; De generatione in Deo argumenta, 30.1; An Deus genuerit Deum voluntate, 36.2; Quis sit terminus formalis generationis, 36.20; De potentia generandi, 38.1; De generatione aeterna filii, 46.2, 81.8; An potentia generandi pertineat ad omnipotenttiam Dei, 124.3
Gratia: Principalius agens in opere meritorio est gratia, 117.33; Opus meritorium non includit gratiam ut partem sed ut radicem, 118.4

Hypostasis, 73.11

Ideae divinae, 97.1; Plato posuit ideam esse quintam essentiam rerum factibilium, 97.8; Augustinus ponit ideas esse rationes aeternas in mente divina, 97.16; Ideae divinae secundum divum Thomam, 98.14; secundum Iuniores, 98.16, 100.24; An filius et spiritus sanctus ideas habeant in mente paterna, 98.22; Diffinitio ideae, 98.28; An Deus cognoscat per ideas, 99.25
Illapsus, 103.8; Multiplex modus essendi in loco, 103.16
Imago trinitatis, 25.11; De vestigio et imago trinitatis, 26.4; Imago multiphariam sumitur, 27.35; Imago creata et increata, 28.2; Imago una, similitudo altera, 28.7; Imago formata et informis, 28.15; perfecta et imperfecta, 28.27; An partes imaginis sint aequales, 31.20
Immutabilitas Dei, 44.24
Individuum, suppositum, et persona, 73.6
Induratio a Deo permissive, non effective, 113.27
Innascibilitas patris, 83.1
Inspiratio mediata et immediate, 16.2
Instantia in divinis, 49.2
Intellectus divinus habet duo in se: intelligere et dicere, 22.19
Iudaei negabant pluralitatem personarum in divinis, 60.26
Ius: haereditarius, 116.9; amicitiae, 116.16
Iusticia Dei stricta et pia, 9, 114.23; Deus debitor noster ex pia iusticia, 115.27

Libertas non excludit necessitatem sed coactionem, 53.5
Logica: fidei, 33.14; theologica excedit naturalem, 44.15
Lucifer non potest non odire Deum, 53.14
Lumen: naturale, 15.25; revelatum aut inspiratum, 15.29
Memoria faecunda Dei, 22.15, 25.8, 29.15, 31.1, 36.5, 38.6
Missio: De missione spiritussancti, 60.1; An filius mittatur ad extra invisibiliter, 60.3; Filius visibiliter semel missus est, 60.10

Necessitas in Deo, 53.5; Libertas non excludit necessitatem sed coactionem,

53.5; De necessitate praedestinationis, 107.16; Necessitas consequentis et necessitas consequentiae, 107.19
Nomina Dei: An Deus sit nominabilis, 70.1; Viae venandi nomina divina, 71.2; Quid est excellentius nomen Dei, 71.29
Nominalism, 10, 11, 11n, 12, 12n
Noticia Dei essentialis et personalis, 22.23, 31.12
Numerus: materialis et formalis, 76.1; in Deo, 76.1; triplex: numerans, numeratus, et quo numeramus, 76.21

Omusios, 73.31
Opera bona aliquando commendantur, aliquando extenuantur, 115.10
Opera meritoria: principalius acta a gratia, 117.32; non includunt gratiam ut partem sed ut radicem, 118.4; efficienter a libero arbitrio, radicaliter a gratia, 118.26
Ordo in divinis, 34.26, 48.26

Pater: an coaequetur filio, 64.30; innascibilis, 83.1
Permissio Dei, 132.24; quadruplex, 133.11
Persona: In divinis personae dicuntur *quasi* contitutae, 37.12, 40.13; An tres personae sint aequales in potentia, 67.1; An *persona* sit terminus secundae intentionis, 73.2; Individuum, suppositum, et persona, 73.6; Diffinitio *personae*, 74.7; An univoce dicatur *persona* de divinis et de creaturis, 75.13; An dicatur absolute vel relative, 75.15
Potentia: Quomodo potentia admittitur in Deo, 22.3; De potentia generandi, 38.1; Omnipotentia Dei, 67.16; Potentia Dei relucet magis in conservatione rerum quam in productione, 102.6; Potentia activa, potentia passiva, 122.6; Potentia defectiva non est in Deo, 122.14; Potentia obiectiva et subiectiva, 122.23; *Posse* tripliciter consideratur, 122.31; Potentia ordinata et absoluta, 123.8; Solus Deus est omnipotens, 123.31; An generandi potentia pertineat ad omnipotentiam Dei, 124. 3; An Deus possit peccare, mentiri, et caetera, 124.13; An Deus possit facere praeteritum non fuisse praeteritum, 124.32; An Deus possit facere hominem sine anima, 125.29; Cur Deus non potest impossibile, 126.29; An Deus potuisset res aliter facere quam fecit, 127.2; An Deus potuisset mundum facere meliorem, 128.2
Principium in divinis, 22.7, 47.31, 84.1; accipitur notionaliter et essentialiter, 84.24
Prioritas in divinis, 48.13
Praedestinatio, 7, 109.1; De necessitate praedestinationis, 107.16; In sacris litteris varie exprimitur, 109.4; Diffinitio praedestinationis, 109.30; Effectus praedestinationis, 110.18; Praedestinatio simpliciter et secundum praesentem iusticiam, 110.23; An sit aliqua caussa praedestinationis, 112.1; Tres opiniones de ratione praedestinationis, 112.31; Aliquando nullam habet caussam ex parte praedestinati, aliquando habet caussam, 116.31; Maior ratio est in praedestinatis, maxime in acquiescentia bonae motionis, 118.15
Processio spiritussancti, 51.1; An procedat a patri et filio, 56.1
Productio Dei ad extra et ad intra, 21.22
Promissio Dei, 116.1
Propria et appropriata trinitatis, 26.24, 29.13
Providentia Dei, 92.24; Est de omnibus rebus contingentibus et futuris, 109.2
Purgatorius: In purgatorio existentes viatores sunt, 23.24

Ratio recta, 120.6
Relatio: An distinguatur a rebus absolutis, 87.7; Relationes divinae, 62.23; Relationes temporales in Deo, 86.1; An relationes Dei ad creaturas sint reales, 86.15
Reprobatio, 111.5; affirmativa et negativa habet rationem, negativa nullam, 117.5
Res et signa, 19.2

Sancti vident orationes nostras in verbo, 95.2, 96.21
Sapientia et scientia Dei differunt inter se, 93.1

Scientia Dei, 92.1; simplicis intelligentiae, visionis, approbationis, 92.6; Una scientia Dei realiter, 92.15; Scientia Dei dicitur providentia, praescientia, dispositio, et praedestinatio, 92.24; Scientia et sapientia Dei differunt inter se, 93.1; Quo et per quid cognoscit Deus, 93.4; Scientia divina habet essentiam divinam ut obiectum primarium, 93.15; Scientia Dei non est habitus, 93.29 actualissima, 93.94; Deus nihil extra se intelligit, tamen omnia extra se intelligit, 95.30; An stet contingentia rerum cum infallibili scientia Dei, 106.3; An scientia Dei sit necessaria, 107.8. See also Noticia Dei

Scriptura sacra, 16.30

Signa, 49.1; et res, 19.2; voluntatis divinae quinque, 130.26

Similitudo: et imago, 28.7; et aequalitas in personis, 89.2

Simplicitas Dei, 21.9, 21.21, 39.2

Solitudo in divinis, 69.1

Spiratio et generatio Dei productiones ad intra, 22.1; Spiratio non est generatio, 54.25

Spiritussanctus: De processione spiritussancti, 51.1; Unde est quod spiratio non sit generatio, 54.25; Cur spiritussanctus non spirat alium spiritum, 55.10; An procedat a patri et filio? In hoc Graeci a Latinis sunt divisi, 56.5; An procedat a patre et filio tanquam ab uno principio, 58.2; An procedat uniformiter a patre et filio, 58.34; An sit amor et nexus patris et filii, 59.2; De missione spiritussancti, 60.1; Cur nulla missio spiritussancti legitur in veteri testamento, 60.24; Quales res fuerint in quibus fuit visibiliter missus, 61.9; Quid faciat missio invisibilis spiritussancti, 61.17; Quomodo spiritussanctus intelligitur esse donum, 62.2; Quomodo dicatur spiritus *noster*, 62.34; Spiritussanctus non est charitas nostra formaliter, 63.16; An filius et spiritussanctus ideas habeant in mente paterna, 98.22

Substantia: Latinis convenit minime admittere tres substantias in divinis, 73.13

Suppositum: Ordo inter individuum, suppositum, et personam, 73.6

Tetragrammaton, 71.31

Theologia: Diffinitio theologiae, 15.7; Subiectum theologiae, 15.17; Theologia naturalis et supernaturalis, 15.23; symbolica, 15.32, 71.16; acquisita et infusa, 16.7; in Deo, in se, et in nobis, 16.14; Obiectum theologiae, sacra scriptura et quae sequuntur ex illa atque bona illatione inferuntur, 16.29; Theologia triplex: speculativa, practica, et affectiva, 16.33; Theologia mystica, 17.9, 71.16; affirmativa, symbolica, affectiva, et mystica seu negativa, 71.16

Trinitas et unitas in Deo, 21.1; Propria et appropriata trinitatis, 26.24, 29.13

Unitas et trinitas in Deo, 21.1

Uti et frui, 19.9, 20.17

Verbum Dei, 80.1; procedit per modum intellectus, 81.3; De aeterna generatione verbi, 81.8; Verbum expressivum, declarativum, manifestativum, 81.25

Vestigium et imago trinitatis, 26.4

Via duplex: una merendi, solvendi altera, 24.1

Viator: Diffinitio viatoris, 23.20; Cognitio Dei apud viatores, 23.21; In purgatorio existentes viatores sunt, 23.24

Virginitas consulta, non praecepta, 131.6

Vocatio exterior et interior, 109.20

Voluntas possit necessitari sed non cogi, 20.32

Voluntas Dei: ad intra et ad extra, 54.11; quomodo potest in opposita, 108.3; prima lex in obliganda, 112.11; duplex: efficax et signi, 130.11; antecedens et consequens, 131.22; An Deus etiam velit mala, 132.27; Voluntatis quatuor aut quinque species, 135.4